AF366376

MÉMOIRE

POUR

LE COMTE DE CRÉQUY, Intimé;

CONTRE

Le Marquis DE CRÉQUY & le Comte DE CRÉQUY-CANAPLES, Appellans.

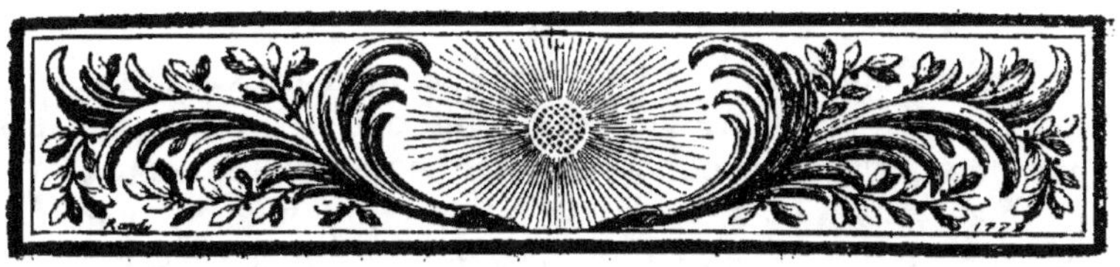

MÉMOIRE

POUR le Comte DE CRÉQUY, Intimé;

CONTRE le Marquis DE CRÉQUY-HÉMON, Appellant.

LA nature détermine notre naiſſance ; c'eſt à elle que nous ſommes redevables d'être iſſus d'un pere noble plutôt que d'un roturier, d'un homme de qualité plutôt que d'un ſimple Gentilhomme.

Ces rapports que la nature a mis entre nous & la famille à laquelle nous appartenons, indépendans de toutes loix civiles, ne peuvent jamais s'altérer ; le tems les reſpecte, & l'importance qu'on y attache, croît en raiſon de leur ancienneté ; une ſimple propriété ſe perd par le défaut de jouiſſance ; la preſcription de trente ou de quarante ans l'emporte même ſur des titres que nous avons négligés ; mais la preſcription introduite par une Loi civile ne peut avoir d'empire ſur les droits de la nature & du ſang.

De ces maximes fondamentales de l'état des hommes, plus précieuſes, ſans doute, pour la haute nobleſſe que pour le citoyen qui, le premier, illuſtre ſa famille, on doit conclure que l'on peut ſe dire iſſu d'une telle Maiſon, & en reprendre le nom lorſqu'on établit légalement qu'à une époque quelconque, ceux de qui l'on deſcend étoient reconnus pour lui appartenir. Cette preuve devient encore plus victorieuſe lorſque l'individu, qui invoque en ſa faveur la notoriété publique, a conſervé les marques diſtinctives & caractériſtiques de cette Maiſon.

A

Les le Jeune n'ont point porté le nom de Créquy depuis quatre cens cinquante ans? mais s'ils ont la preuve que leurs ancêtres, quoique connus fous le nom de le Jeune, n'en paffoient pas moins en Artois, à Créquy même, pour être iffus de cette illuftre Maifon, s'ils en ont poffédé les terres immédiatement après un Créquy décédé fans enfans, s'ils en ont toujours porté, & s'ils en portent encore les armes, fi les titres même de la Maifon de Créquy indiquent leur origine, quelle différence trouvera-t-on donc entr'eux & les autres branches de cette Maifon connues fous des noms différens, tels que les Heilly, les Mareuil & les Rebrétingues? L'époque du changement de leur nom fera plus ancienne; les guerres, les malheurs qu'elles entraînent après elles, l'émigration d'un de leurs aureurs, les aura privés de cette opinion publique qui a confervé aux autres branches tous les avantages d'une naiffance diftinguée. Mais s'ils parviennent à retrouver les traces de leur poffeffion, ils rentreront dans tous leurs droits, puifque ces droits l'emportent autant fur tous les autres que les ouvrages de la nature font au-deffus de ceux des hommes.

En partant de ce premier point donné, que l'état ne fe prefcrit jamais, nous contractons envers le public l'obligation de prouver que les le Jeune avoient, il y a quatre cens ans, une poffeffion conftante de l'état de Créquy, qu'il étoit alors de notoriété publique qu'ils defcendoient de cette illuftre Maifon, qu'ils en ont toujours porté, & qu'ils en portent encore les armes, qu'ils en ont poffédé les biens, qu'ils ont été reconnus, il y a plus de vingt ans, par le feu Marquis de Créquy, alors chef des noms & armes, que le Marquis de de Créquy-Hémon a été inftruit par fon oncle même de cette reconnoiffance & ne s'en eft pas plaint. Et nous nous croirons fondés à en conclure qu'ils font Créquy.

Nous examinerons enfuite la conduite que le Marquis de Créquy Hémon a tenue à leur égard; nous prouverons que fes plaintes font un tiffu de calomnies, que la majeure partie des faits qu'il a avancés, démentis par des titres qu'on ne fçauroit fufpecter, feroient injurieux pour les le Jeune, quand même ils ne defcendroient pas des Créquy.

Notre marche fera bien différente de celle du Marquis de

Créquy ; il lui fuffit de tout nier , nous avons tout à établir. C'eft à l'époque où Jean le Jeune , notre neuvieme aïeul connu , quitta l'Artois pour venir fe fixer en Touraine , que nous devons d'abord nous reporter ; & la connoiffance de l'Hiftoire de ce tems n'eft pas moins effentielle à la décifion de la caufe, que celle des Ordonnances & des Loix qui fervoient à fixer alors l'état des familles entr'elles , & celui des individus qui compofoient chacun d'elles en particulier.

F A I T.

Jean le Jeune, connu publiquement en Artois pour être iffu de la maifon de Créquy dont il portoit les armes, s'attacha, vers 1458 , à M. le Duc d'Orléans ; il entra, après la mort de ce Prince, dans la Compagnie de M. de Beaujeu. Si l'on en croit le Marquis de Créquy , il fervoit le premier de ces Princes en qualité de Tapiffier. Nous prouverons dans la partie de ce Mémoire, deftinée à réfuter les objections, que ce fyflême de nouvelle invention, roule fur une miférable équivoque, & pêche par le défaut d'identité entre les Petit-Jean, Petit Jean Godin & Petit-Jean le Jeune, qui depuis 1452 jufqu'en 1474, ont été Tapiffiers de M. le Duc & de Madame la Ducheffe d'Orléans , & Jean le Jeune, l'un des auteurs du Comte de Créquy, dont les freres & les neveux fervoient le Roi comme Gentilshommes , qui lui-même étoit qualifié d'Ecuyer par Louis XI en 1482 , dans des Lettres patentes enregiftrées dans différens Tribunaux, & dont l'authenticité eft à l'épreuve de la critique du Marquis de Créquy.

Les guerres que Louis XI eut à foutenir contre le Duc de Bourgogne , & qui ne furent terminéés que par la mort du dernier Prince de ce nom , éloignerent à jamais Jean le Jeune de fa patrie. Son attachement à la Cour de France fuffifoit pour le rendre odieux à tous ceux qui avoient des intérêts contraires aux fiens ; auffi les biens qu'il poffédoit en Artois furent ils la proie des Suiffes qui ravageoient alors la Bourgogne , & des Bourguignons eux-mêmes dont il avoit abandonné le parti.

Des motifs qu'il nous eft impoffible de pénétrer, le déterminerent, vers l'année 1476, à fe retirer à Tours, ville voifine de l'endroit où le Roi faifoit fa réfidence ordinaire. Iffu d'une famille étrangere à la France, éloigné de plus de cent lieues de fa patrie, inconnu dans la nouvelle ville qu'il venoit habiter, il fe trouva en 1477, infcrit parmi les habitans fujets à la taille. Cette circonftance ne peut rien diminuer de la haute opinion que l'on doit prendre de fa nobleffe; *les plus anciennes & les plus illuftres familles*, ainfi que nous l'apprend Laroque, dans fon Traité de la Nobleffe, *ont été impofées aux tailles, foit par malice, foit par vengeance, ce dont*, ajoute-t-il, *elles peuvent toujours fe relever, puifque les droits du fang font imprefcriptibles*. Le refus qu'il fit de la payer, donna lieu à une conteftation entre lui & les Collecteurs, qui fut portée devant les Elus de Tours.

Les feuls roturiers font affujettis à la taille. Il fuffifoit donc à Jean le Jeune de foutenir qu'il étoit noble, pour obtenir la radiation de la cotte qui lui étoit relative : ce fut auffi ce qu'il fit. Nous trouvons l'extrait de fes défenfes dans la Sentence que rendirent les Elus de Tours le 16 Novembre 1478.

« De la partie de Jean le Jeune a été fait dire que à bonne
» & jufte caufe, à ladite exécution s'étoit oppofé, & pour le
» montrer, étoit vrai qu'il étoit noble homme, né & extrait
» de noble lignée, vivant noblement & fuivant les armes en
» la Compagnie & fous la charge de M. de Beaujeu, & les
» avoit fuivies *continuellement* depuis neuf ans en ça, où il
» avoit frayé & dépendu la plûpart de fon vaillant ».

Les Elus de Tours qui ne pouvoient avoir une connoiffance perfonnelle des faits allegués par Jean le Jeune lui permirent d'en faire la preuve; mais (& ceci eft un point effentiel à faifir) ils fe contenterent d'une information fommaire, dans laquelle des gens dignes de foi dépoferoient de fa nobleffe & de fes fervices. « Avons appointé, porte leur jugement, *que
» fommairement de plain, & fans figure de procès, icelui Jehan
» le Jeune nous informeroit de fadite nobleffe, & comment par
» ci-devant il a fuivi les guerres comme noble* ».

Arrêtons - nous un inftant ici, & portons nos regards fur les pofitions refpectives de la France & de la Bourgogne

à cette époque. Le dernier Duc de Bourgogne venoit d'ê-
tre tué à la bataille que lui avoit livrée le Duc de Lorraine
près de Nancy. Il laiffoit pour fa feule héritiere la Ducheffe de
Bourgogne, fa fille. Louis XI, attentif à profiter des événe-
mens que fouvent fa profonde politique avoit fait naître, fçut
tirer avantage des intelligences particuliéres qu'il s'étoit ména-
gées avec les principaux Officiers des Places les plus importantes de l'Artois. Il fit partir à l'inftant même où la nouvelle
de la mort du Duc de Bourgogne lui parvint, les Seigneurs les
plus diftingués de fa Cour. *Ils étoient chargés*, nous difent
l'Abbé Velli & le Pere Daniel, *de folliciter ceux qui avoient
obéi jufqu'alors au Duc de Bourgogne, de fe donner à la Couronne de France.*

Louis XI crut ne pas devoir confier plus long-temps
à d'autres l'exécution du projet qu'il avoit conçu : il partit lui-
même de Tours pour fe rendre en Artois. Il apprit bientôt la
réduction d'Abbeville, de Bohain, de Montdidier, de Saint-
Quentin & de Peronne. La Cité d'Arras lui fut auffi re-
mife. Les troupes qui défendoient la Citadelle étant ref-
tées fidelles à la Ducheffe de Bourgogne, ce Prince en fit faire
le fiége, la place fut forcée de fe rendre, & plufieurs de ceux
qui l'habitoient payerent de leur vie la réfiftance qu'ils avoient
ofé faire. Les Hiftoriens rapportent à ce fujet une circonftance
capable de donner une haute idée de l'acharnement des deux
partis, & de la haine que les Bourguignons portoient aux François. On offrit à plufieurs de ceux qui étoient condamnés à
mort de leur faire grace s'ils vouloient *crier vive le Roi*. Ils ai-
merent mieux mourir que de le faire ; cette opiniâtreté détermina le Roi à reléguer la majeure partie des habitans d'Arras
dans l'intérieur du Royaume, & à ôter à la Ville le nom qu'elle
avoit porté jufqu'alors. Le mariage de la Ducheffe de Bourgogne avec l'Archiduc d'Autriche arrêté vers la fin de 1477,
ne mit point fin à ces hoftilités, & Louis XI entretint des troupes
dans l'Artois & dans la Bourgogne pour y conferver fes nouvelles poffeffions.

Le pays dans lequel étoit né Jean le Jeune fe trouvoit donc,
à l'époque même de la Sentence des Elus de Tours, le théâtre

de la guerre ; fon attachement au fervice du Roi de France &
des Princes de fon fang lui fermoit néceffairement l'entrée de
l'Artois. Il étoit dans une impoffibilité abfolue d'aller chercher
à Arras & à Ambricourt fes parens ou ceux de fes concitoyens
qui étoient reftés fous la domination de la Ducheffe de Bourgogne. En un mot, il étoit réduit à invoquer le témoignage des
Artéfiens que le hafard avoit amenés en France, ou qui y
avoient formé des établiffemens.

S'étonnera-t-on, fi l'on veut fe reporter au temps où a été
faite la premiere des enquêtes invoquées par le Comte de
Créquy, de voir Jean le Jeune, fon neuviéme aïeul, conduire
le 26 Octobre 1478, chez deux Notaires à Paris, Jean le
Jeune, ancien Maïeur d'Arras, Meffire Baulde, Prêtre, Bachelier en Droit ; Fremin Garçon, Wiffart de la Planque, Tapiffier, & Baudichon Raoul, Marchand à Paris. Son unique
objet devoit être de raffembler des perfonnes qui l'euffent
connu dans fon enfance, qui l'euffent vu à Ambricourt, au
milieu de fa famille, & qui puffent dépofer de la nobleffe dont
il jouiffoit. Les cinq témoins qu'ilavoit réunis étoient nés, foit
à Ambricourt, foit à Créquy. Le lieu de la naiffance de chacun eft indiqué dans l'enquête même.

C'étoit-là ce qui les rendoit précieux pour lui ; & s'il eft conftant qu'il n'exiftoit alors aucun Créquy en France, que toute la
nobleffe d'Artois portoit les armes contre nous, quels témoins
plus dignes de foi pouvoit-il produire à la Juftice que ceux qui
l'avoient vu naître, & qui avoient eu connoiffance de cette opinion publique, qui détermine dans chaque Province le rang que
doivent occuper les familles qui s'y font fixées, qui y ont
leurs poffeffions & leur fortune.

Ce ne font pas les deux Marchands & le Tapiffier feulement, ce font les cinq témoins réunis, parmi lefquels fe trouve
un ancien Maïeur d'Arras, & un Ecciéfiaftique gradué, faits
l'un & l'autre pour fentir les avantages d'un nom illuftre, qui
dépofent, non-feulement de la nobleffe des le Jeune, mais
de leur origine de la Maifon de Créquy. Ils en parloient en
gens inftruits, puifqu'ils ont diftingué les émaux de leurs
armes d'avec ceux des armes de Créquy.

« Ces cinq témoins difent, certifient & affirment pour
» vérité, qu'ils ont bonne & vraie connoiffance de la per-
» fonne de Jean le Jeune, Ecuyer, Valet de chambre de
» haut & puiffant Seigneur Monfeigneur de Beaujeu, Gendre
» de Louis XI, Comte de Clermont en Beauvoifis, & fçavent
» qu'il eft natif du lieu d'Ambricourt, qui eft du Comté
» de Saint-Pol, fitué au pays d'Artois. Ils difent & affirment
» que ledit le Jeune eft extrait de noble lignée de par pere
» & mere, vivant noblement de leurs cens, rentes & revenus,
» *le difent fçavoir les deffus nommés, parce qu'ils font natifs près*
» *dudit lieu d'Ambricourt, comme dit eft*, & ont eu bonne con-
» noiffance de la perfonne de feu noble homme Taffart le Jeune,
» pere dudit Jean le Jeune; & ledit Meffire Baulde dit qu'il a eu
» bonne connoiffance de la perfonne de noble femme damoifelle
» Catherine Potelle, mere d'icelui Ecuyer, & femme dudit
» Taffart le Jeune, laquelle étoit native de la ville de Hefdin.
» Lefquels pere & mere dudit Ecuyer vivoient noblement
» de leurs rentes & revenus, & étoient tels tenus & réputés audit
» pays d'Artois, *& outre dient les deffus nommés que ledit Jean*
» *le Jeune eft iffu de par pere de ceux de Créquy, dont il porte*
» *encore de préfent les armes, fors qu'il y a différence de cou-*
» *leur;* certifient en outre que ledit Jean le Jeune a tou-
» jours, depuis le trépas de fefdits feu pere & mere, vécu
» noblement, comme noble perfonne, de fes rentes & re-
» venus, l'ont vu fuivre les guerres & armées du Roi notre
» Sire, fous & en la Compagnie de Monfeigneur de Beaujeu,
» avec lequel icelui Ecuyer a vécu pendant l'efpace de quinze
» à feize ans ou environ, & mêmement depuis le trépas de feu
» Monfeigneur le Duc d'Orléans, avec lequel il a demeuré
» par l'efpace de quatre à cinq ans ».

Cette déclaration fut fortifiée le lendemain par la dépofition
de noble Robert Defmarquets, ancien Lieutenant Général
de la Gouvernance d'Arras. « *Il certifie & affirme pour vérité,*
» en préfence des mêmes Notaires, que *trente ans a paffés*, il
» a bonne connoiffance du lignage & parentage des fufnom-
» més le Jeune d'Ambricourt, lefquels font parens & affins
» dudit Jean le Jeune, qu'il a toujours vu & oui tenir & ré-

» puter au pays & Comté d'Artois nobles & vivant noblement, le
» dit sçavoir , parce que lui étant Lieutenant Général des Elus
» d'Artois , il n'a point vu & sçu que le lignage & parentage
» des le Jeune , dont ledit Ecuyer est issu & procréé, ayent été
» mis & imposés à payer taille , ni aucun autre subside, & que
» jamais n'en fut question , poursuite & demande, lui étant
» Lieutenant Général desdits Etats, *parce qu'il étoit & est si*
» *notoire audit pays d'Artois, que lesdits le Jeune sont nobles,*
» *gens vivant noblement de leurs rentes & revenus, qu'il n'est*
» *mémoire du contraire* ».

Ce Magistrat , instruit du motif qui portoit Jean le Jeune
à requérir sa déclaration , se contente à la vérité de parler
de la noblesse des le Jeune ; mais si les dépositions des cinq
premiers témoins, qui attestoient d'une maniere aussi précise
que Jean le Jeune *étoit descendu par pere de ceux de Créquy ,*
dont il portoit encore les armes, avec différence de couleur seu-
lement , eussent été fausses & mensongeres, auroit-il permis
que sa déclaration fût inscrite sur la même feuille de parchemin , & dans le même acte qui les renfermoit ? Auroit-il ac-
crédité par sa présence des impostures grossieres qu'il eût été
impossible de lui cacher.

Cette enquête, faite dans la forme, que la sentence des Elus
d'Artois avoit prescrite, fut remise sous les yeux de ces Juges ;
les Collecteurs, seuls adversaires que Jean le Jeune pût avoir
alors, ne proposerent aucun reproche contre les témoins, &
il intervint, en conséquence, le 16 Novembre 1478 , une
Sentence contradictoire qui déclara Jean le Jeune exempt de la
taille, dépens compensés (1).

Quelle est la Maison ? nous pourrions interroger même
celles qui sont aujourd'hui dans la plus haute faveur, qui ait
joui constamment des avantages de la fortune, qui n'ait eu

____

(1) Rien n'échappe à la critique du Marquis de Créquy. Il a prétendu que cette
compensation de dépens jettoit des nuages sur la noblesse de la branche des le Jeune,
comme s'il ne savoit pas que les Collecteurs, agissant au nom du Roi, sont difficilement condamnés aux dépens. Ils devoient d'autant moins l'être dans la circonstance
que Jean le Jeune étoit étranger , & que ne leur ayant pas justifié de sa noblesse, ils
avoient dû naturellement l'imposer à la taille.

fes

ſes momens de diſgrace, qui, pendant que l'un de ſes ſujets obtenoit des illuſtrations, auxquelles un grand nom permet d'aſpirer, n'a pas vu, dans le fond des Provinces reculées, quelqu'uns de ſes rameaux, ſouvent même la branche aînée, végéter dans l'obſcurité & dans l'oubli. Pourquoi donc rougirions-nous aujourd'hui de dire que Jean le Jeune, privé de ſes revenus, dépouillé, pour ainſi dire, des poſſeſſions qu'il avoit en Artois, fut contraint de lutter contre les rigueurs de la fortune, & de ſonger à ſe procurer, par ſon induſtrie, l'aiſance que les malheurs du tems lui avoient ôtée. Les précautions qu'il prit pour ne point altérer les avantages que la nature lui avoit accordés, ſont une preuve non ſuſpecte de ſa haute naiſſance. On craint peu de perdre une nobleſſe acquiſe, & encore incertaine; mais les gens de qualité n'ignorent pas que la nature les a diſtingués d'autant plus ſûrement des autres hommes, que la fortune la plus opulente, les rangs, les dignités, les faveurs même du Prince ne peuvent procurer qu'une grandeur paſſagere à celui qui en eſt l'objet, tandis que rien ne peut leur enlever la conſidération que l'opinion publique a attachée à une ancienne origine & à la nobleſſe de nom & d'armes.

Jean le Jeune étoit pénétré de ces idées, quand il ſollicita des bontés de Louis XI des Lettres-Patentes, qui lui permettoient de faire le trafic *ſans déroger au privilege de nobleſſe en aucune maniere.* Le Roi a daigné exprimer dans ces Lettres les motifs qui l'avoient déterminé à les lui accorder; & ces motifs honorables expliquent aſſez pourquoi ſes deſcendans ne produiſent pas aujourd'hui les titres qui impoſeroient ſilence à leur Adverſaire.

» Par conſidération des bons & agréables ſervices, y eſt-il
» dit, que notre bien amé Jean le Jeune, Ecuyer, natif de
» notre Pays & Comté d'Artois, nous a fait par ci-devant,
» & à notre très-cher & amé fils & couſin le Comte de Cler-
» mont & de la Marche, Seigneur de Beaujeu, & auſſi que
» ſes maiſons & autres héritages qu'il avoit audit pays d'Ar-
» tois, ont été brûlés & gâtés par les gens de guerre qui
» ont été audit pays, & à ce qu'il puiſſe mieux vivre & en-
» tretenir ſon état, lui avons octroyé, &c. »   B

Il ne paroît pas que Jean le Jeune ait fait ufage du privilege qui lui avoit été accordé. Nous pouvons au moins avancer que ce ne fut pas fon trafic qui donna lieu au procès que lui fufciterent, trois ans après, les Fermiers du droit de huitieme , nouvellement impofé par le Roi fur les propriétaires roturiers pour raifon *des vins de leur crû* , qu'ils ont toujours eu le droit de vendre comme bon leur a femblé. Jean le Jeune , mal-à-propos pourfuivi par les Fermiers , fe défendit , & foutint que fa qualité de Gentilhomme l'exemptoit du droit qui lui étoit mal-à-propos demandé.

Pourquoi ne s'arrêta-t-on pas à la Sentence rendue fept ans auparavant , qui l'avoit jugé noble , & comme tel, affranchi de la Taille ? Pourquoi ne fe renferma-t-on pas dans les Lettres-Patentes qui lui avoient été accordées en 1482 , dans lefquelles le Roi lui donnoit la qualité d'Ecuyer , & le reconnoiffoit tellement pour Gentilhomme , qu'il lui permettoit de trafiquer fans déroger à fa nobleffe ? Nous l'ignorons. Les Elus d'alors auroient peut-être peine à l'expliquer ; mais comme un Tribunal, quel qu'il foit, ne peut jamais être préfumé avoir dédaigné fes propres Jugemens , ni révoqué en doute des Lettres-Patentes qu'il a enregiftrées , nous ne croyons pas que cette circonftance puiffe rien diminuer de la confiance que la Cour doit prendre dans des Jugemens contradictoires , & dans des Lettres-Patentes duement enregiftrées ; autrement , qu'y auroit-il de certain parmi les hommes , & quand pourroit-on fe croire en poffeffion paifible de fon état ?

Le Marquis de Créquy avoue qu'on n'a négligé , dans cette circonftance , aucune des formalités qui pouvoient rendre cette feconde enquête juridique. Les Elus de Tours adrefferent une Commiffion rogatoire à ceux de Paris & à ceux d'Arras , ville qui étoit , depuis trois ans , fous la domination du Roi de France. Les motifs qui avoient empêché Jean le Jeune d'aller en Artois en 1477 , fubfiftoient encore prefque dans leur entier. Maximilien d'Autriche portoit l'animofité contre les François , jufqu'à rayer du Catalogue de fes Chevaliers de la Toifon d'or , ceux qui étoient paffés au fervice de France. L'efprit qui animoit le Prince s'étoit communiqué aux

Sujets, & Jean le Jeune eut , à coup fûr, reçu un fort mauvais accueil s'il fe fût préfenté en Artois pour y mettre à exécution la Commiffion qu'il avoit obtenue.

D'ailleurs, n'étoit-il pas tout naturel qu'un domicilié à Tours, inquietté mal-à-propos fur une nobleffe déja jugée par le Tribunal même devant lequel il étoit traduit , & reconnue par le Roi dans des Lettres-Patentes enregiftrées , préférât de venir à Paris à aller en Artois, puifqu'il y trouvoit affez de témoins pour compléter fa preuve , & que le Tribunal qui l'avoit ordonnée, lui en avoit laiffé le choix.

Les témoins interrogés par le Juge fur les faits énoncés dans la Commiffion rogatoire qui lui avoit été adreffée , n'ont pas eu la liberté de s'étendre autant qu'avoient fait les premiers fur la defcendance de celui dont ils n'avoient qu'à conftater la nobleffe ; cependant ils ont non-feulement ajouté aux preuves que renfermoit la premiere enquête , mais l'un d'eux , déja entendu en 1478 , a rappellé une partie des faits dont il avoit rendu compte , & donné plus de poids par conféquent à tout ce qu'il avoit dépofé.

Le premier témoin de cette feconde enquête étoit un Religieux de l'Ordre de Saint Benoît , Prieur de Notre-Dame de la Porte, en Champagne ; il a attefté, fous la foi du ferment, « qu'il avoit eu connoiffance de feu Euftache le Jeune , pere » de Jean le Jeune , qui étoit demeurant à Ambricourt, en » Picardie , au diocèfe de Therouene, lequel il avoit vu tenir » & réputer noble , extrait de noble lignée , & vivant noble- » ment & comme Gentilhomme mener chiens & oifeaux, » & foi maintenir comme les autres Nobles du pays, fait » qu'il eft demeurant avec M. de Beaujeu , fuivant ledit Sei- » gneur comme l'un des Gentilshommes de fon hôtel. »

Le fecond témoin, ancien Curé de Saint Etienne-en-Arras, Vicaire de la paroiffe des Saints Innocens, *& natif de Woyan-val , à deux lieues d'Ambricourt*, a attefté également, fous la religion du ferment, « que Euftache ou Taffard le Jeune , » pere de Jean, demeuroit à Ambricourt ; que ledit Euftache » & fes freres, *dont l'un nommé Jacques*, étoient Nobles, » pour tels tenus & réputés au pays de Picardie ; qu'il les a

» vus vivre noblement , tenir état de Nobles hommes , & les
» femmes en état de Nobles perfonnes & gentilleffes. Il ajoute
» qu'il a vu *leurs freres, coufins & autres parens , appellés pour*
» *fervir leur Prince en leurs guerres & armées.* Qu'il fait , par
» oui-dire , ledit Jean le Jeune, fils dudit Euftache, être demeu-
» rant en l'hôtel de M. de Beaujeu, & fervant ledit Seigneur
» comme Gentilhomme , & comme les autres Gentilshom-
» mes de fon hôtel. »

   Antoine de Villiers, Ecuyer, Jacques de Villemain , Ecuyer ;
& Michel Deftamin , Marchand ; troifieme, quatrieme & cinquieme témoins , ont dépofé abfolument des mêmes faits. La
fixieme dépofition eft de Fremin, garçon, l'un de ceux qui
avoient paru dans l'enquête de 1478 , nous croyons devoir
la rapporter en entier.

   Il déclare « qu'il eft natif de la ville de Pernes, en Artois ,
» à trois lieues près d'Ambricourt , où étoit demeurant feu
» Euftache le Jeune , pere de Jean le Jeune , duquel il a
» eu connoiffance ; lequel Euftache étoit Noble homme ,
» vivant noblement, fuivant les armes, & auquel il avoit
» oui-dire avoir été à la bataille de Reauffuiville , tel tenu &
» réputé par les Nobles du pays, tenant fiefs & four-banniers
» noblement ; & pareillement a eu connoiffance dudit Jean le
» Jeune , lequel il fait être fils légitime & naturel dudit Euf-
» tache, & l'a vu , lui qui parle, en fon jeune âge , en l'hôtel
» de fondit pere vivre noblement ; a vu auffi icelui Jean le
» Jeune demeurer en l'hôtel de M. de Beaujeu, & en icelui
» hôtel être tenu & réputé pour noble : dit encore qu'il a vu
» le frere dudit *Jean le Jeune porter armes , que l'on difoit être*
» *dépendant des armes de l'hôtel de Créquy, qui eft des nobles*
» *maifons de Picardie & autre chofe ne fait* (1). »

   Cette enquête n'avoit eu pour objet que de conftater ,
vis-à-vis du Fermier du droit de huitieme, la nobleffe de
Jean le Jeune , & il étoit impoffible de raffembler fur ce fait
des témoignages plus fatisfaifans ; auffi intervient-il , le 7 Septembre 1486 , une Sentence contradictoire *qui déclara Jean*

____

(1) Toutes les dépofitions étoient alors terminées par ces mots : *& autre chofe*
ne fçait , comme elles le font aujourd'hui par ceux-ci : *& eft tout ce qu'il a dit fçavoir.*

le Jeune abſous de la demande du Fermier, & le jugea franc, quitte & exempt du *huitieme du vin de ſon crû, vendu à détail à cauſe de ſa nobleſſe.* Ce fut pour prévenir de pareilles difficultés, que Jean le Jeune, ſon neveu, voulant venir s'établir en France, eut la précaution de ſe faire reconnoître de lui.

Ces dernieres expreſſions *de vin vendu à détail*, qui ſe trouvent dans la Sentence de 1486, dont nous venons de rapporter les termes, ne pouvoient échapper au Marquis de Créquy. Il a préſenté Jean le Jeune comme un vil Tavernier qui avoit fait un trafic bas & déshonorant. Il a voulu jetter des nuages ſur la nobleſſe même des ancêtres du Comte de Créquy. Pouvoit-il donc ignorer qu'anciennement tout propriétaire vendoit ou faiſoit vendre chez lui (même en détail) les denrées que lui produiſoit ſa terre ? N'eſt-il pas dit dans la Sentence que le vin dont on lui avoit demandé mal à propos les droits *étoit de ſon crû* ? Il exiſte encore des provinces méridionales où les Gentilshommes ne rougiſſent point de faire débiter ainſi le vin qu'ils recueillent ; pluſieurs Seigneurs ont le droit d'empêcher leurs vaſſaux de vendre pendant qu'ils débitent leur vin ; & le privilége de débiter ainſi ſes denrées avoit même été anciennement accordé à tous les habitans de la Capitale.

C'eſt aſſez nous être occupés de Jean le Jeune ; il eſt tems de jetter un coup d'œil ſur ſa deſcendance, & de parcourir rapidement les différens degrés qui ſe trouvent entre lui & le Comte de Créquy.

Jean le Jeune avoit épouſé Jeanne Sécart, Dame du Moulinet, dont il eut un fils. Les revers qu'il avoit éprouvés, obligerent ce fils de chercher de l'emploi dans les recettes des tailles. Etoit-ce le premier Gentilhomme que la néceſſité de vivre eut réduit à prendre un état au-deſſous de ſa condition ? Le ſentiment de ſon origine lui fit bientôt faire des efforts pour en ſortir. Honteux d'avoir compromis ſa nobleſſe, il ſollicita & obtint *des Lettres de réhabilitation* qui furent enregiſtrées, & parut à Angers, au milieu de la Nobleſſe, lors de la convocation de l'arriere-ban faite en 1536 & 1537. Il épouſa Louiſe Thiphaine, Dame de Montfort, dont il eut, entr'autres enfans, Jean le Jeune, Seigneur de Bonnevau, qui servit en qualité d'Enseigne dans la Compagnie d'Antoine de Bourbon, Roi de Navarre, & pere d'Henri IV.

Du mariage de celui-ci avec Françoise Foulon naquirent Jean & Pierre le Jeune, qui forment le cinquieme degré connu de la généalogie du Comte de Créquy.

Notre objet n'est point d'entrer ici dans le détail des services importans que Jean le Jeune, aîné de ces deux enfans, rendit à sa patrie, de citer les occasions dans lesquelles il se distingua sous les yeux même du Prince de Condé & d'Henri IV; nous nous contenterons d'observer qu'il fut fait Chevalier de l'Ordre du Roi, obtint le gouvernement des Ville & Château des Ponts de Cé, la jouissance des revenus de l'Abbaye de Saint-Maur, & devint l'un des seize Gentilshommes de la Chambre du Roi, choix d'autant plus honorable & flatteur, qu'il n'avoit été préparé par aucune sollicitation de sa part; c'est un témoignage que le Ministre, chargé de lui apprendre cette importante nouvelle, s'est empressé de rendre à la modestie.

» Monsieur, c'est trop demeurer à la maison; vous n'êtes
» pas de ceux que l'on y doit laisser inutile en telle saison.
» Le Roi sachant bien vos mérites, vous a choisi pour l'un
» des seize Gentilshommes qu'il veut avoir ordinairement près
» de sa personne, à douze cens écus d'état. Vos amis se ré-
» jouissent de cette élection faite en votre absence & sans
» aucune importunité. Venez-donc, car le Roi fait état de
» partir dans douze ou quinze jours au plutard, & de bien
» battre les Espagnols devant que de revenir. Saluant sur ce
» vos bonnes graces de mes plus humbles recommandations;
» Je prie Dieu, Monsieur, qu'il vous donne la santé, bonne
» & longue vie; votre bien humble voisin & serviteur.
» *Signé*, RUZÉ.

Ce Jean le Jeune, quatriéme du nom, connu sous celui de Capitaine Bonnevau, fut enterré à saint Pierre de Saumur au mois de Décembre 1621, & l'on voit encore sur sa tombe, en tête de son épitaphe, les armes qu'il portoit; elles sont telles que Taffard le Jeune, Procureur Général du Comté d'Artois, en 1377, & Taffard le Jeune d'Ambricourt, premier Auteur connu du Comte de Créquy les avoient, & qu'elles fe font confervées dans leur defcendance jufqu'à nos jours.

Le Capitaine Bonnevau laiffa pour fils Jacques le Jeune, à qui le Roi voulut bien conferver la place de l'un des feize Gentilshommes de fa Chambre, dont il avoit honoré fon frere; Jacques le Jeune devint peu de tems après Lieutenant de la Venerie du Roi, Capitaine de cent hommes dans le Régiment de Navarre. Louis XIII lui avoit accordé, dès 1618, une penfion de 2000 liv., en confidération des bons, fideles & agréables fervices qu'il lui avoit rendus, quoi qu'il n'eût alors que vingt-trois ans. Il mourut en 1628, & par fon teftament, daté du 4 Décembre de cette année, il pria M. de Bourlon, fon bon ami, de préfenter au Roi *fa vieille arquebufe, de laquelle il avoit eu l'honneur de fe fervir en la préfence de Sa Majefté, la fuppliant de l'avoir pour agréable, de fe fouvenir de fes fervices, & de vouloir gratifier de fes charges le fieur de la Furjonniere, fon frere.*

Louis XIII voulut bien avoir égard à fa priere, & conferva en effet ces places importantes à Jean le Jeune, qui avoit été élevé dans fes Pages, & étoit devenu depuis Capitaine au Régiment de Navarre.

Pierre le Jeune, fon autre frere, continua la defcendance & forma le fixiéme degré. Il accompagna le Duc de Rohan en Bretagne, lorfqu'il fut y tenir les Etats. Il eut une nombreufe poftérité. Pierre-François le Jeune, l'un de fes fils, fervit dans l'artillerie, il fut fait Commiffaire ordinaire de l'artillerie de France, enfuite Commiffaire provincial, fut l'un des fept Lieutenans généraux dont le Roi fit la promotion en 1703, & a été décoré de la Croix de Saint Louis en 1706.

François le Jeune, fon autre fils, élevé Page du Grand Condé, donna, fous les yeux de ce Prince, des preuves de la plus grande valeur dans une occafion où il eut un cheval tué fous lui, combattant à côté du Prince. Il fervit depuis dans les Moufquetaires, fe maria & eut un fils nommé Pierre, qui entra dès l'âge de quatorze ans au fervice, devint

Commiſſaire ordinaire d'artillerie, puis Lieutenant du Grand Maître, Chevalier de Saint Louis, & mourut en 1706, d'une bleſſure qu'il reçut au ſiége de Barcelone.

C'eſt de ce fils qu'etoit né en 1699 François le Jeune, qui entra d'abord au ſervice, *devint Commiſſaire de l'artillerie de France* (1), & fut rappellé dans ſa Province pour rétablir ſa fortune, qu'une trop longue tutelle avoit altérée. Il a eu de ſon mariage, avec demoiſelle Riché de Neuville, quatorze enfans, dont le Comte de Créquy actuel eſt l'aîné.

Les dix degré d'aſcendance que nous venons de parcourir, embraſſent une eſpace de près de quatre cens ans. Nous en aurions épargné le détail au public, s'il n'etoit devenu néceſſaire pour effacer les fauſſes impreſſions que le Marquis de Créquy a voulu donner ſur l'état de la famille des ſieurs le Jeune, abſtraction faite de leur deſcendance de la Maiſon de Créquy. Que trouve-t-il donc dans les ſervices des auteurs du Comte de Créquy, dans la conduite qu'ils ont tenue, dans les places qu'ils ont occupées, dont les Maiſons les plus diſtinguées ne puiſſent s'honorer? Porteurs de piéces authentiques qui prouvent une nobleſſe aſſez ancienne pour monter dans les carroſſes du Roi ſans le ſecours du nom de Créquy, les le Jeune avoient une exiſtence perſonnelle; ils n'étoient faits, ni pour eſſuyer les mépris du Marquis de Créquy, ni pour être préſentés aux yeux du Public comme *les rejettons obſcurs d'un Marchand de vin & d'un Procureur Fiſcal.*

C'eſt en vain que le Marquis de Créquy rappelle avec affectation les alliances que les le Jeune ont faites dans les premiers tems qu'ils ont été en France. Le fils de Jean le Jeune, réduit à prendre un emploi dans la recette des tailles, pouvoit-il prétendre à la main d'une fille de qualité? Que deviendroient les plus illuſtres maiſons du Royaume, ſi on faiſoit dépendre leur nobleſſe de celle des femmes auxquelles elles ſe ſont alliées?

Ce ne ſont pas les alliances de Jean le Jeune, ſorti de

______

(1) Comment le Marquis de Créquy oſe-t-il faire plaider & imprimer qu'il n'avoit jamais ſervi

fa patrie, ni celles de fon fils, réduit dans un état de découra-
gement & d'infortune, qu'il faut confidérer ; ce font celles
que leurs peres formerent en Artois.

Or Jean le Jeune avoit pour mere une Potelle, dont la famille
exifte aujourd'hui en Flandres, où elle a toujours tenu un
rang diftingué. Une fœur Potelle étoit à cette même époque
Supérieure de l'Abbaye de la Theuilloye, où l'on ne recevoit
que des filles nobles ; elle avoit fuccédé prefque immédiatement
à Yolende de Montargis.

Quant à Taffard le Jeune, Procureur Général, il avoit époufé
la fille de Colart Rumet, & le fils de ce même Colart avoit
époufé une Créquy, ainfi qu'il eft prouvé par l'hiftoire des
Maïeurs d'Abbeville, page 801.

Les procès fufcités par les Fermiers n'affoibliront pas davantage l'opinion que les places occupées par les ancêtres du
Comte de Créquy doivent donner de la nobleffe de leur origine.
Nous pourrions nous contenter de faire obferver qu'ils en
font toujours fortis victorieux, & qu'une nobleffe inutilement
conteftée n'en devient que plus certaine ; mais nous devons à
la défenfe de la caufe qui nous eft confiée, de faire obfervcr
à la Cour & au Public le peu d'exactitude avec laquelle on
fe permet de rendre compte des faits que l'on croit propres à
nuire au Comte de Créquy & à fes freres. A en juger par le
plaidoyer du Marquis de Créquy, il fembleroit que chacun des
dix degrés connus de leur généalogie auroient été inquiétés
dans leur nobleffe. La vérité eft cependant qu'il n'y en a eu
que deux. Le premier qui ait eu à combattre l'avidité des Collecteurs & du Fermier, eft Jean le Jeune, qui vint s'établir en
Touraine. Il a obtenu les jugemens de 1478 & 1485. Sa veuve
fut inquiétée en 1504 par les mêmes Fermiers, qui avoient
perdu leur caufe en 1486 ; & Jean le Jeune leur fils, réduit,
comme on l'a vu, à prendre un emploi dans les Tailles, ayant
paffé de Touraine en Anjou, fut obligé de faire connoître fa
nobleffe aux habitans de Saumur. Il obtint en 1515 des lettres
de réhabilitation, & les fit entériner en 1535.

On fera étonné que le Marquis de Créquy ait ofé citer les

trois autres jugemens , lorsque l'on en connoîtra les especes.

Le premier de 1599 est émané des Commissaires du Roi pour le régalement des Tailles. Ces Commissaires avoient ordre de vérifier les titres de toute la Noblesse. Auroient-ils pû en effet douter de l'exemption du Capitaine Bonneveau , alors Mestre-de-Camp d'un Régiment d'Infanterie, Gouverneur des Ponts de Cé, l'un des seize Gentilshommes de la Chambre du Roi, & Chevalier de son Ordre.

Le second a été pareillement rendu par les Commissaires du Roi, députés pour le régalement des Tailles en 1635, au profit du fils du Capitaine Bonneveau.

Enfin, le troisieme est encore rendu par les Commissaires du Roi, nommés pour la recherche des Nobles en 1667, & l'on sçait qu'à cette époque personne ne fut dispensé de produire ses titres. L'histoire des grands Officiers de la Couronne nous apprend que les Montmorency ne furent pas même exceptés.

Il n'existe donc que quatre Jugemens rendus en faveur de Jean le Jeune, de sa veuve & de son fils, dans le temps où, transportés dans un pays étranger, la modicité de leur fortune excitoit nécessairement contre eux la basse jalousie des habitans des petites villes qui ne croient en la noblesse qu'autant qu'elle est accompagnée de la fortune, & qui cherchent à humilier celui qui est moins fortuné qu'eux.

Personne n'est à l'abri de ces recherches, nous dit le Pere Anselme ; & il cite pour le prouver l'exemple *d'un Mailly, descendant de la branche aînée, qui fut obligé d'obtenir un Jugement de décharge contre la contrainte que le Fermier du franc-fief avoit décernée contre lui.* Il ajoute que ce même François de Mailly avoit trois oncles, Antoine, Robert & Pierre, qui avoient dérogé, & qui furent condamnés à faire enregistrer les Lettres de réhabilitation qu'on leur avoit accordées.

Il rapporte un second exemple plus frappant encore, c'est celui de François de Dreux. *Il fut*, nous dit-il, *assigné en 1540, avec Jean & Guillaume de Dreux ses freres, en l'Election de Lisieux, pour y prouver leur noblesse, & cependant ils étoient du sang de nos Rois.*

L'état de la famille du Comte de Créquy ainſi fixé, nous paſſerons à une ſeconde claſſe de faits. Nous nous propoſons d'y rendre compte de la conduite du pere du Comte de Créquy, des procédés reſpectifs des différentes parties, & de déterminer les vrais points de la cauſe ſoumiſe à la déciſion de la Cour.

Le deſir, bien naturel à un pere peu fortuné & chargé d'une nombreuſe famille, de procurer à ſes enfans une éducation convenable à leur naiſſance, porta le ſieur le Jeune de la Furjonniere à ſolliciter des bontés du Roi des places à l'Ecole Militaire pour quelques-uns de ſes fils. Obligé de faire des preuves, il parcourut les différens titres que lui avoient laiſſé ſes ancêtres. Frappé d'abord des dépoſitions des témoins qui avoient paru dans les deux enquêtes de 1478 & 1485, il prit en Artois des renſeignemens ſur ſon origine ; il pouſſa le plus loin qu'il put ſes recherches ſur les armes que ſa branche avoit conſervées. Convaincu qu'elle en étoit en poſſeſſion depuis plus de quatre cent cinquante années, qu'elle étoit originaire des environs de Créquy, qu'elle avoit poſſédé des biens qui avoient conſtamment appartenu à la maiſon de Créquy, il ſe détermina à envoyer ſon fils, alors Docteur en Théologie, vers le chef des nom & armes de cette maiſon, pour lui faire part de ſes découvertes, & les ſoumettre à ſon jugement.

Le Marquis de Créquy, Lieutenant Général des armées du Roi, & Grand'Croix de l'Ordre de Saint-Louis, avoit alors cette qualité. Il parut peu étonné de la démarche que faiſoit faire auprès de lui le ſieur de la Furjonniere. *Il convient que Madame la Princeſſe de Rache, née de Créquy-Canaple, dont les recherches ſur la maiſon de Créquy avoient été très-ſcrupuleuſes, lui avoit écrit qu'il en exiſtoit une branche en Anjou, connue ſous le nom de le Jeune.* Il voulut bien recevoir le travail du ſieur de la Furjonniere, promit de l'examiner, ſe fit remettre les titres originaux, *les compara avec ceux de ſa Maiſon qu'il avoit en ſa poſſeſſion, comme aîné, & déclara* quelques jours après à l'Abbé de la Furjonniere, qu'il ne lui reſtoit aucun doute ſur la légitimité de ſa prétention. Dès ce moment, l'entrée de fa maifon fut ouverte à l'Abbé de la Furjonniere, lui-même lui donna publiquement le nom de Créquy, & lui permit, ainfi qu'à fon pere, de le porter.

L'Abbé de Créquy, de retour en Anjou, entretint une correfpondance fuivie avec le Marquis de Créquy. Nous repréfentons aujourd'hui les réponfes qu'il en recevoit dans les années 1759 & 1760. Le Marquis de Créquy l'y qualifie *de coufin*, & la fufcription de fes lettres porte toujours *à M. l'Abbé de Créquy*. Elle dément l imputation que le Marquis de Créquy-Hemon s'eft permis de faire au Comte de Créquy & à fes freres, en les accufant de s'ètre fait appeller Créquy avant d'avoir obtenu l'agrément du chef des nom & armes de la maifon.

Cette reconnoiffance ne fut point ignorée dans la Capitale. Madame la Maréchale de Montmoreucy, à qui le Comte de Créquy avoit l'honneur d'appartenir, engagea l'Abbé de Créquy à venir à Paris, & le préfenta à la Marquife de Crequy-Hemon, mere du Marquis de Créquy. Il en reçut d'abord un accueil favorable; mais, dès la feconde vifite qu'il eut l'honneur de lui rendre, il s'apperçut que fes difpofitions étoient changées; elle lui déclara qu'elle le forceroit, lui, fon pere & fes freres, à quitter le nom qu'ils avoient pris : elle ajouta qu'elle en écriroit au Marquis de Créquy.

Elle le fir en effet ; & le Marquis de Créquy, ébranlé par les follicitations preffantes de la Marquife de Créquy-Hemon, mais retenu par la crainte de commettre une injuftice, crut devoir s'adreffer au fieur d'Hozier (1), d'après le confeil que lui donna alors M. Dargenfon. Il le chargea en effet d'examiner avec le foin le plus fcrupuleux les différens titres que lui avoit apportés l'Abbé de Créquy.

La Marquife de Créquy Hémon fut informée du parti qu'a-

______

(1) Ce fut le Marquis de Créquy qui choifit le fieur d'Hozier; le fieur de la Furjonniere n'y eut aucune part, & fon choix étoit d'autant mieux fondé, que le fieur d'Hozier defcend de Pierre d'Hozier qui avoit compofé la généalogie du Marquis de Créquy-Bernieul, & jouiffoit alors, comme il jouit encore, de l'eftime du public.

voit pris le Marquis de Créquy, chef des nom & armes ; elle preſſa le ſieur d'Hozier de mettre-fin à ſon travail. Le Marquis de Créquy-Hémon fut le voir à cette occaſion. L'un & l'autre lui firent paſſer des Mémoires dont l'objet étoit de critiquer les titres qui lui avoient été envoyés par le ſieur de la Furjonniere (1). Le ſieur d'Hozier examina ces titres. Convaincu de leur authenticité, il compoſa la généalogie de la branche des le Jeune. Il ne prononça rien de déciſif ſur la jonction de la branche des le Jeune avec la maiſon de Créquy. Mais cette attache préciſe lui paroiſſant ſuppléée par une foule d'autres circonſtances déciſives dans ces ſortes de matieres, il n'héſita point à faire paroître un travail favorable au Comte de Créquy & à ſes freres.

Le Marquis de Créquy vérifia de nouveau les titres qui lui furent envoyés. l'examen qu'il avoit fait des ſiens, le fortifia dans l'opinion qu'il avoit priſe pluſieurs années auparavant, convaincu que la branche des-le Jeune avoit un droit inconteſtable au nom qu'elle réclamoit, il ſe détermina à la reconnoître de la maniere la plus authentique.

« Nous ſouſſigné Lieutenant-Général des armées du Roi, » Commandeur de l'Ordre Royal & Militaire de Saint Louis, » Cordon rouge, Gouverneur de Dôme, & Seigneur de la Vi- » comté de Gençay, ... avons examiné la généalogie de » MM. de la Furjonniere en Anjou, donnée par M. d'Hozier » de Serigny, Juge d'armes en ſurvivance de la Nobleſſe de » France, deux enquêtes du 26 Octobre 1478, & 14 Novem- » bre 1485, qui lui ont été produites en original, ont particu- » liérement fixé notre attention; cinq témoins du pays d'Artois » certifient dans la premiere, & affirment pour vérité que Jean » le Jeune, ſecond auteur connu des Seigneurs de la Furjon- » jonniere, eſt extrait de noble lignée de par pere & mere, & » iſſu de par pere de ceux de Créquy, dont ils portent encore » de préſent les armes, fors qu'il y a différence de couleurs; » & un des témoins de la ſeconde dépoſe par ſerment qu'il a

---

(1) On a produit à M. l'Avocat Général la lettre originale du ſieur de la Fur-jonniere au ſieur d'Hozier.

» vu le frere dudit Jean porter armes qu'on difoit être dé-
» pendantes des armes de l'hôtel de Créquy, qui eft des no-
» bles Maifons de Picardie ; des témoignages auffi juridiques
» & authentiques ne nous laiffent aucun doute fur l'origine des
» Seigneurs de la Furjonniere, & la découverte de cette *ori-*
» *gine fe rapportant à ce que la Princeffe douairiere de Rache* (née
» de Créquy-Canaple, *veuve de Jean-Jofeph de* Berghes, Prince
» *de Rache*) *nous écrivoit lorfqu'elle étoit occupée à faire des re-*
» *cherches fur fa Maifon ,* qu'il y en avoit en *Anjou une branche*
» *du furnom de le Jeune.* ; nous nous croyons obligé par juftice,
» & pour rendre hommage à la vérité, *de reconnoître MM. le*
» *Jeune de la Furjonniere pour former originairement une branche*
» *de notre Maifon , & pour être très-en droit d'en reprendre le nom.*
» Nous les reconnoiffons avec d'autant plus de fatisfaction, que
» leurs ancêtres ont toujours fervi les Rois avec diftinction, fe
» font rendus dignes de leurs bonnes graces & de leurs bien-
» faits, ont occupé des places confidérables, foit à la Cour,
» foit dans le fervice militaire, & ont contracté de bonnes al-
» liances ; en foi de quoi nous avons figné cet acte pour fervir
» à MM. de la Furjonniere, & nous y avons appofé le fceau de
» nos armes. Fait à Gençay, le 8 Mai 1765, *figné,* Jacques-
» Charles, Marquis de Créquy ».

Le Marquis de Créquy ne voulut pas que cette reconnoiffance reftât ignorée du Marquis de Créquy-Hémon fon neveu. Il la lui annonça par une lettre dont nous croyons encore
devoir rapporter ici les expreffions.

» Je vous envoie, Monfieur, la lettre en original de M.
» d'Hozier de Serigny. Si j'avois imaginé pouvoir être utile à
» MM. *de Créquy de la Furjonniere,* aprè l'examen de leurs
» titres, je les aurois reconnus comme formant une branche de
» ma Maifon qui nous fait honneur. La lettre de M. de Serigny
» me détermine à les reconnoître, comme je le fais (1). Je fe-
» rois fort aife de vous favoir en bonne intelligence avec des

---

(1) La lettre du fieur d'Hozier n'a donc fervi qu'à lui prouver l'utilité de fa reconnoiffance, puifqu'il les auroit reconnu auffi-tôt l'examen de leurs titres s'il avoit
cru pouvoir leur être utile, & il les avoit examinés dix ans avant, c'eft-à-dire en
1755.

» perfonnes qui portent notre nom , & qui peuvent le porter
» de droit. Vous favez, Monfieur, les fentimens avec lefquels
» j'ai l'honneur d'être, &c. *Signé*, de Créquy ».

Les branches cadettes de la maifon de Créquy avoient obtenu du Marquis de Créquy, qui en étoit le chef, la permiffion
d'en porter les armes pleines. Celle des le Jeune eut part à
cette faveur. Elle lui fut accordée par un acte paffé devant les
Notaires de Gençay, le premier Septembre 1765.

Le Marquis de Créquy-Hémon en fut encore informé par
fon oncle qui prit foin d'envoyer au fieur de la Furjonniere,
copie de la lettre qu'il lui écrivit à cette occafion.

« J'ai été fi convaincu, dit-il, (en parlant des fieurs le
» Jeune) de la juftice de leur droit, que je n'ai pas héfité
» à les reconnoître pour une branche de notre Maifon, &
» *à leur donner à cet égardavec d'autant plus d'empreffement toutes*
» *les marques de fatisfaction qu'ils ont pu defirer, que je me ferois*
» *oppofé à leurs vues avec chaleur, fi je les avois jugées mal fon-*
» *dés.* Comme madame votre mere & vous, m'avez demandé
» dans le temps de me joindre à vous pour fuivre cette affaire,
» je dois, par la même raifon, vous inftruire de ce qui s'eft
» paffé & de ce que j'ai fait, afin que vous vous réuniffiez à
» moi pour foutenir cette branche de notre Maifon dans toutes
» fes prérogatives, *ce que je fuis décidé de faire de mon côté*
» *autant qu'il dépendra de moi & dans toutes les occafions qui fe*
» *préfenteront.* J'ai l'honneur d'être, &c. »

Les bonnes intentions du Marquis de Créquy, chef des
nom & armes, ne demeurerent point fans effet. Les réponfes
du Miniftre auquel il recommanda le Comte de Créquy &
fes freres *comme fes parens*, prouvent l'intérêt qu'il prenoit à
leur avancement.

Le Marquis de Créquy-Hémon garda le plus profond filence
tant que vécut fon oncle. C'eft lui-même qui nous l'apprend
dans un petit ouvrage imprimé la veille du Jugement de l'incident. N'étoit-ce donc pas à l'inftant même où le Marquis de
Créquy, chef des nom & armes, avouoit publiquement les
le Jeune pour être iffus de fa Maifon, qu'il lui convenoit de
s'oppofer à cette reconnoiffance & de rendre publics les motifs
qui juftifioient fon refus ?

Le Marquis de Créquy-Hemon étoit bien éloigné alors de tenter l'entreprise qu'il hasarde aujourd'hui. Il a vu depuis le décès du Marquis de Créquy, le Comte de Créquy jouir publiquement de son état. Il a sçu que l'un de ses freres avoit épousé sous ce nom la demoiselle de Prie, niéce du Comte de Prie, Chevalier des Ordres du Roi, qu'un autre avoit obtenu comme Abbé de Créquy, l'Abbaye de Saint-Maur. Qu'un troisieme avoit été nommé à cette même Abbaye après le décès du second, qu'une de ses sœurs étoit Abbesse de Saint-Desir, dans le Diocèse de Lisieux, qu'un quatrieme frere étoit entré dans les Pages de la grande Ecurie, qu'il étoit passé ensuite dans la Marine & devenu Lieutenant de vaisseaux sous le nom de Chevalier de Créquy ; que tardoit-il donc à interrompre une possession dont il paroit aujourd'hui s'offenser ? Disons le, les premieres faveurs accordées à une branche peu avantagée de la fortune, ne lui avoient encore porté aucun ombrage, & le Comte de Créquy jouiroit en paix de son état, s'il fût resté au fond de sa Province.

Jaloux de jouir des prérogatives attachées à sa naissance, il avoit sollicité des bontés du Roi la grace de monter dans ses Carosses. Il l'obtint ; les preuves de sa noblesse remontoient à une époque assez éloignée, en ne le considérant même que comme le Jeune pour aspirer à cette faveur. Ce fut alors que pour la premiere fois le Marquis de Créquy-Hemon marqua un projet formé, de contester au Comte de Créquy le nom qu'il avoit repris, il le traduisit aux Maréchaux de France, & l'affaire y reçut une premiere instruction. On avoit ignoré pendant long-temps les motifs qui avoient empêché le Tribunal de prononcer sur la question qui lui étoit soumise; on assure aujourd'hui que le Tribunal ne s'est pas cru compétent pour en connoître. Le fait est indifférent en lui-même, il suffit que le Comte de Créquy n'ait point cherché à suspendre son Jugement, & il est certain, au contraire, qu'il a supplié M. le Maréchal de Muy, oncle de madame la Marquise de Créquy-Hemon, de vouloir bien être son Juge.

Mais puisque le Marquis de Créquy sçavoit que l'incertitude du Tribunal sur son droit & sa compétence étoient les seuls

motifs

motifs qui avoient arrêté le jugement ; pourquoi ne s'eſt-il pas pourvu alors devant les Juges ordinaires ? Il ne pouvoit ignorer que le Comte de Créquy continuoit de paroître à la Cour comme Créquy, qu'il avoit l'honneur d'être admis à la table du Roi, de l'accompagner à la chaſſe. Il l'a donc laiſſé pendant pluſieurs années en poſſeſſion d'un nom qu'il avoit, pour ainſi dire, repris contradictoirement avec lui.

N'eût il pas été d'après cela (on le demande à tout homme ſenſé) inconſéquent au Comte de Créquy, lorſqu'il rechercha la demoiſelle de Soucy en mariage, de s'annoncer ſous un autre nom que celui qu'il avoit repris & qu'il portoit depuis vingt ans ? Reconnu pour Créquy, autoriſé à en reprendre le nom, pouvoit-il négliger de le faire inſérer dans l'acte le plus important de ſa vie ? Celui de le Jeune, ſurnom dès l'origine, pouvoit être quitté à l'inſtant où le Marquis de Créquy avoit reconnu que la branche qui le portoit avoit l'honneur de lui appartenir.

Le mariage du Comte de Créquy, contracté ſous le nom dont il jouiſſoit depuis vingt années, eſt cependant le prétexte que le Marquis de Créquy Hemon a pris pour diriger ſa demande aux Requêtes du Palais. Immédiatement après la préſentation de la Comteſſe de Créquy, il a intenté une action purement civile, dont l'objet étoit de forcer le Comte de Créquy à quitter ſon nom & ſes armes. Ce dernier n'a point évité le combat, & la cauſe étoit déja engagée contradictoirement, quand, au mépris de tous ces procédés judiciaires, le Marquis de Créquy s'eſt déſiſté de ſa demande, ſous la réſerve de ſe pourvoir dans tel Tribunal & de telle maniere qu'il jugeroit à propos.

On a vu, peu de jours après, éclore une plainte criminelle dans laquelle le Marquis de Créquy, auſſi inexact dans l'expoſition des faits que peu circonſpect dans ſes accuſations, commence par annoncer *que ſon intention eſt moins de faire châtier le Comte de Créquy du crime de faux, dont il eſt coupable, que d'aſſurer par la voie de l'inſtruction de la procédure criminelle la nature de ſon crime.*

Il ajoute que ce crime eſt grave ; il le dénonce au Miniſtere Public. Celui qui, ſelon lui, s'en eſt rendu coupable, a attenté

D

à *l'autorité royale, & le châtiment qui l'attend est au moins celui réservé aux faussaires ; il do.t en outre être dégradé de tous degrés & privileges de noblesse.*

Pour foutenir une accufation auffi odieufe , *il fuppofe que le fieur le Jeune, pere, ayant jetté fes vues fur la Maifon de Créquy , pour y incrufter fa famille, imagina en 1730 de changer l'écu facé & le créquier dans un canton de cet écu, avec un écu de gueule au créquier d'argent.*

Il joint à des titres d'accufation auffi graves, celui plus grave encore & non moins faux *de fuppofition de perfonne ; ce qui fait , dit-il, qu'il n'y a pas de mariage entre la demoifelle de Soucy & le Comte de Créquy.* Il finit par *fe rendre plaignant du crime de faux, il demande permiffion d'en faire informer, & fe réferve la faculté d'obtenir monitoires , aggraves & réaggraves.*

Cette plainte fut bientôt fuivie d'une complainte rédigée dans le même ftyle, & préfentée fous le nom du Comte de Créquy-Canaples. Elles ne fuffirent pas à l'animofité du Marquis de Créquy, une addition de plainte parut peu de jours ap.ès, accompagnée également d'une addition de complainte, & le Comte de Créquy apprit que l'on faifoit informer contre lui.

Il ne pouvoit laiffer fubfifter plus long-tems une procédure auffi monftrueufe ; il en appella : mais à peine la Cour fut-elle faifie de fon appel, que le Marquis de Créquy fe défifta de fa plainte, fauf à retourner aux Requêtes du Palais qu'il avoit fui une premiere fois. L'ordre de la procédure vouloit que le Comte de Créquy demandât acte de ce défiftement : mais le Marquis de Créquy croyoit-il avoir réparé par l'abandon fecret qu'il faifoit de fa plainte le tort que la publicité donnée à fon accufation avoit caufé au Comte de Créquy ? On ne pouvoit refufer à ce dernier de qualifier d'injurieufe & de calomnieufe, une plainte que l'accufateur même n'ofoit foutenir , & qu'il avoit abandonnée. Ce fut l'objet des conclufions du Comte de Créquy, & cette premiere demande donna lieu à un incident que l'on foumit préliminairement aux lumieres de la Cour. Elle fe trouva partagée d'opinions ; plufieurs de Meffieurs, révoltés avec raifon de l'atrocité d'une pareille accufation, penfoient qu'on ne pouvoit trop fe hâter d'en faire juftice à l'accufé. Les autres crurent que dans une caufe de cette importance il étoit dangereux de prendre un parti fur un incident, & que le jugement, quel qu'il fût, formeroit néceffairement un préjugé. L'Arrêt qui intervint renvoya les Parties aux Requêtes du Palais, pour être ftatué fur le tout par un feul & même jugement.

La caufe portée dans ce premier tribunal, a reçu tout le développement dont elle pouvoit être fufceptible ; & après neuf audiences, dont la moins longue a été de deux heures & demie, il eft intervenu Sentence qui a donné acte au Comte de Créquy de la reconnoiffance du Marquis de Créquy, chef des nom & armes ; l'a maintenu dans le droit & poffeffion des nom & armes de la maifon de Créquy, avec défenfes au Marquis & à tous autres de l'y troubler. La même Sentence faifant droit fur les demandes renvoyées par l'Arrêt de la Cour du mois de Mars dernier, a déclaré la plainte du Marquis de Créquy injurieufe & calomnieufe ; a donné acte au Comte de Créquy de ce qu'il renonçoit volontairement aux dommages & intérêts qu'il étoit en droit de prétendre, & lui a accordé la permiffion de faire imprimer & afficher le jugement, qui contenoit une réparation publique de l'injure la plus grave qui jamais ait pu être faite à un Gentilhomme.

Le Marquis de Créquy, eft appellant de cette Sentence : fixera-t-elle irrévocablement l'état du Comte de Créquy ? Ne lui reftera-t-il au contraire que l'avantage d'avoir porté la conviction dans l'ame des Magiftrats vertueux, integres & éclairés qui l'ont rendue ? C'eft à la Cour qu'il appartient aujourd'hui de prononcer fur ce point, & l'irrévocabilité de fon Arrêt ajoute encore à l'intérêt que fait naître la queftion importante foumife à fa decifion.

M O Y E N S.

La Sentence des Requêtes du Palais, dont le Comte de Créquy demande la confirmation, contient deux genres de difpofitions.

Les unes font relatives à fon état.

Les autres à la réparation qui lui eft due.

Notre défenfe fe divife donc naturellement en deux parties.

La premiere renfermera toutes les preuves du droit qu'a eu la branche des le Jeune de reprendre le nom de Créquy.

Nous difcuterons dans la feconde les différens chefs d'accufation confignés dans la plainte du Marquis de Créquy.

PREMIERE PARTIE.

L'état des hommes eft inaltérable, il n'eft au pouvoir de perfonne de le changer. *Naturalia jura divina quâdam providentia conftituta firma atque immutabilia permanent.* Quiconque naît d'une famille en fera toujours ; quiconque eft iffu d'aïeux qui avoient prouvé leur defcendance d'une telle maifon, a droit de dire qu'il lui appartient ; il profite néceffairement des preuves qui ont été faites par ceux de qui il eft né.

Ces maximes font certaines & font autant de bafes inébranlables fur lefquelles va porter notre fyftême, autant de vérités éternelles qui jetteront la plus vive lumiere fur la caufe dont la défenfe nous eft confiée.

Le Comte de Créquy prouve fon état en prouvant celui de fes ancêtres ; il foutient qu'il eft Créquy, parce que Jean le Jeune, fon neuvieme aïeul, l'étoit ; il foutient que Jean le Jeune l'étoit, parce qu'il eft prouvé légalement qu'il étoit iffu en ligne mafculine de la maifon de Créquy.

Tel eft donc & tel fera toujours le point unique de la caufe.

Eft-il légalement prouvé que Jean le Jeune foit iffu de la maifon de Créquy ?

Cette propofition fera appuyée fur quatre preuves différentes ; la premiere fera tirée des enquêtes de 1478 & 1485 ; la feconde, de la poffeffion des armes de la Maifon de Créquy ; la troifieme, de celle des biens ; la quatrieme, de la reconnoiffance du Marquis de Créquy.

Inftit. Liv.
Ier tit. 2.

Premiere preuve tirée des enquêtes de 1478 & 1485.

§ Ier.

Il suffit d'avoir une légere idée de notre légiflation pour fçavoir que l'ufage des regiftres de baptêmes, mariages & fépultures eft récent. L'établiffement des premiers regiftres remonte au plus à 160 ans; & comme les meilleures inftitutions font prefque toujours celles qui éprouvent le plus d'obftacles, il y en a à peine 65 que celle-ci a reçu fa perfection. Les Ordonnances auxquelles nous en fommes redevables, trouveront néceffairement place dans le récit que nous nous propofons de faire de nos recherches à cet égard. Ces Ordonnances font toutes de beaucoup poftérieures au tems où vivoit Jean le Jeune; il eft impoffible par conféquent de nous affujettir à rapporter des preuves de la nature de celles qui fervent à fixer aujourd'hui l'état des familles.

C'eft à l'époque où les enquêtes ont été faites, qu'il faut fe reporter; c'eft l'efprit des loix exiftantes alors, qu'il faut prendre; les principes que l'on pourroit invoquer dans une queftion qui s'éleveroit fur l'état d'un homme né depuis 60 ans, feroient déplacés dans celle-ci. En un mot, la Cour, Juge fuprême de toutes les queftions, ne peut mettre dans la balance que les loix auxquelles étoit foumis celui fur le fort de qui elle prononce.

Si nous parvenons à démontrer que la preuve teftimoniale a été jufqu'en 1566, la feule maniere légale d'établir fon état & de conftater fes rapports avec la famille dont on fe difoit iffu, il s'enfuivra néceffairement que la Cour ne pourra fe difpenfer de regarder les enquêtes de 1478 & 1485, comme une preuve légale de l'état de Jean le Jeune, neuvieme aïeul connu du Comte de Créquy.

Parcourons d'un coup d'œil rapide les différentes révolutions que notre légiflation a éprouvées. Tout le monde fçait que les Gaulois, conquis d'abord par les Romains, en adopterent leurs loix avec empreffement; que les Romains, conquis à leur tour par les Francs, furent obligés de se ployer aux usages des Barbares, & que du mélange des loix les plus sages & des coutumes les plus bisarres, sortit d'abord une espece de législation monstrueuse, moins faite pour guider des hommes sages, que pour favoriser l'humeur guerriere d'un peuple qui, à proprement parler, ne connoissoit d'autres loix que celles du plus adroit ou du plus fort.

La sagesse des loix romaines perça cependant au travers des préjugés de ces peuples grossiers; ils adopterent ces loix pour droit universel, & les Ordonnances que nos Rois publierent ensuite, ne firent qu'en développer les dispositions sans en changer l'esprit.

L'usage de la preuve testimoniale étoit non-seulement autorisé par le Droit Romain, mais on le regardoit comme absolument indispensable. *Testimoniorum usûs frequens ac necessarius est.*

Liv. 1, Dig. de testibus.

On y avoit recours dans les causes civiles comme dans les criminelles. *Adhiberi quoque testes possunt non solum in criminalibus causis, sed etiam in pecuniariis litibus sicuti res postulat.*

Liv. 1 & 2, Dig. de testibus.

Elle marchoit d'un pas égal avec la preuve littérale. *In exercendis litibus eamdem vim obtinent tàm fides instrumentorum quàm depositiones testium.*

L. 15. Dig. de fide instrum.

Etoit-elle admise en matiere d'état ? Le Marquis de Créquy prétend le contraire. Il s'appuie sur la Loi 2, cod. *de testibus.*

« *Si tibi controversia ingenuitatis fiat,* dit cette loi, *defende » caufam tuam argumentis & instrumentis quibus potes soli ; enim » testes ad ingenuitatis probationem non sufficiunt.*

Mais cette loi n'est relative qu'à la seule preuve de la liberté. Il suffisoit à Rome, pour naître libre d'être issu d'une mere libre ; le concours de l'ingénuité dans les deux individus n'étoit pas nécessaire. *Si quis ex matre nascitur liberâ, patre verò servo ingenuus nihilominus nascitur.* La preuve de la liberté étoit donc toujours facile à faire ; elle ne remontoit pas plus haut que les pere & mere de celui à qui on la contestoit ; & comme il étoit impossible qu'une femme libre, & devenue mere, n'eût

Institut.

pas paſſé quelques actes, ou obtenu quelques jugemens, les loix Romaines exigeoient que celui qui s'en diſoit iſſu les rapportât, *argumentis & inſtrumentis quibus potes, defende cauſam tuam.*

Mais elles n'en uſoient pas de même dans les queſtions d'état qui pouvoient dépendre de la preuve de faits éloignés. La loi 15, au cod. *de teſtibus*, fixe à cet égard le dernier état de la Juriſprudence Romaine.

L. 15. cod.
de teſtibus.

« *Requiruntur ad generis probationem teſtes quinque ſi deſint* » *inſtrumenta, vel tres ſi illis inſtrumenta ſuffragentur, quod ſi hu-* » *juſmodi ſint inſtrumenta quæ omnium probationum vice eſſe* » *poſſint, illa etiam ſine teſtibus ſufficiant.* »

Les dépoſitions de cinq témoins formoient alors une preuve complette de l'état des hommes ; trois ſuffiſoient quand leurs dépoſitions étoient accompagnées de quelques actes où l'on appercevoit un commencement de preuves, & la preuve teſtimoniale devenoit inutile quand les titres étoient authentiques & concluans.

La preuve teſtimoniale concouroit donc à Rome avec la littérale en matiere d'état ; & comme les loix Romaines ont été pendant long-temps les ſeules que nous connuſſions, elles ont dû avoir une influence très-grande ſur les premieres Ordonnances de nos Rois.

Nous ne remontrons point aux premiers temps de la Monarchie ; les ſeules loix de ces ſiecles barbares qui ſoient parvenues juſqu'à nous, ont uniquement pour objet de prévenir le meurtre & les rapines. Elles contiennent un tarif honteux de ce qu'il en coûtoit pour voler impunément ſon voiſin, ou mutiler ſon ennemi. Mais auſſitôt que nos Rois purent s'occuper de l'adminiſtration intérieure de leur Royaume, leur premier ſoin fut d'aſſurer l'état de leurs ſujets, & ils regarderent la preuve teſtimoniale comme la plus propre à remplir leurs vues : c'eſt ce dont on ne peut douter, ſi l'on jette les yeux ſur un ancien Capitulaire de Louis le Débonnaire, qui vivoit en 814. Bruſſel, Auteur de l'uſage des Fiefs, nous en a donné la traduction.

« Que celui à qui un autre conteſte ſon état, juſqu'au point » d'amener un procinct de témoins, pour le convaincre qu'il a

» ufurpé cet état, produife huit hommes légitimes de la ligne
» du côté de laquelle on attaque fa naiffance, foit que cette
» ligne foit paternelle ou maternelle; qu'il ait encore d'ailleurs
» quatre autres témoins non moins légitimes ; que par le fer-
» ment de ces douze hommes il établiffe la franchife de fa naif-
» fance ; que fi le procinct lui manque, *qu'il prenne d'où il*
» *voudra douze hommes libres, & qu'il défende par ferment la*
» *franchife de fon étai* (1) ».

Duclos a recueilli dans un de fes difcours qui fait partie des
Mémoires de l'Académie, un trait hiftorique qui prouve
l'ufage de la preuve teftimoniale en matiere d'état. Gontrand,
Roi de Bourgogne, *faifoit difficulté de reconnoître Clotaire II*
pour fils de Chilpéric fon frere. Frédégonde, mere de Clotaire,
non-feulement jura que fon fils étoit légitime, mais elle le fit jurer
par des Evéques & des témoins, & Gontrand n'héfita plus à le re-
connoître pour fon neveu.

A la barbarie des premiers fiecles de notre Monarchie fuc-
céderent l'ignorance & la fuperftition. On crut pendant long-
temps que la divinité étoit obligée de fufpendre les effets de
l'eau & du feu, pour affurer le triomphe de l'innocence mife à
d'auffi ridicules épreuves.

On fe livra enfuite à la brutalité ; le duel devint la feule
maniere d'établir fon bon droit, & le vaincu parut toujours
avoir tort.

« *Avant S. Louis, dit Beaumanoir, il y avoit huit manieres de*
» *prouver ce qu'on avançoit : on pouvoit l'établir par les préfomp-*
» *tions, les dépofitions des témoins & le gage des batailles. Quand*
» *lé fait n'étoit pas public, les Parties en venoient au duel, s'il*
» *n'y avoit pas de témoins ; & lorfque le demandeur ou l'accufa-*
» *teur préfentoient des témoins, le défendeur ou l'accufé pouvoient*
» *appeller en duel ces mémes témoins* ».

S. Louis fut le premier qui réprima ces abus, & il crut avoir

---

(1) *Homo de ftatu fuo pulfatus ; fi is qui eum pulfat ad conveniendum proxinctum ha-*
buerit, adhibeat fibi octo conjunctos legitimos ex ea parte unde pulfatur, fivè illa pater-
na, fivè materna fit & quatuor aliundè non minus legitimos ; & jurando vindicet liberta-
tem fuam. Quod fi proxinctus defuerit, adfumat undecumque duodecim liberos homines,
& jurando ingenuitatem defendat.

fait

fait un grand pas vers la perfection, en subſtituant la preuve
teſtimoniale au gage de bataille.

« *Nous défendons à tous*, porte ſon Ordonnance de 1260,
» *les batailles par-tout notre domaine; au lieu de bataille, nous*
» *mettons preuve de témoins* ».

« *En querelle de ſervage*, eſt-il dit encore dans cette Ordon-
» nance, *celui qui demandera homme comme ſon ſerf fera ſa*
» *demande & pourſuivra ſa querelle juſqu'au point de la bataille,*
» *& ce qu'il prouveroit par bataille il le prouvera par témoins* ».

Voilà donc la preuve teſtimoniale ſubſtituée à tous les autres
genres de preuves qui avoient exiſté juſqu'alors. Loin que
les Succeſſeurs de Saint Louis aient dérogé à l'Ordonnance
de 1260, ils l'ont au contraire étendue à toutes ſortes de matieres; ils ont voulu que la nobleſſe ſe prouvât par témoins.
L'Ordonnance de Louis XII, donnée à Blois en 1498, porte
que les Gradués ſimples & Gradués nommés feront apparoir de
leur nobleſſe aux Collateurs ou Patrons, ou, en leur abſence, à
leur Vicaire, par atteſtation ou affirmation de trois ou quatre
perſonnages dignes de foi, leſquels par ſerment affirmeront par-
devant nos Juges ordinaires, ou l'un d'eux, la nobleſſe d'an-
cienne lignée de l'un & de l'autre parent d'iceux Gradués ſimples
ou Gradués nommés être véritable, & d'icelle affirmation ſera fait
acte par nos Juges ordinaires ou nos Greffiers.

Tel étoit l'état de notre légiſlation à l'époque où Jean le
Jeune a fait faire ſes deux enquêtes. L'Ordonnance de Moulins
de 1566, eſt la premiere loi qui ait abrogé l'uſage de la preuve
teſtimoniale en matiere civile; *elle parut à pluſieurs*, nous dit
Danty, *dure, odieuſe & contraire au droit civil. Elle étoit*
odieuſe, parce qu'elle reſtraignoit les preuves que tous les Légiſ-
lateurs ont étendues autant qu'il leur a été poſſible; elle paroiſ-
ſoit dure, parce qu'elle obligeoit à mener preſque toujours avec
ſoi un Notaire; enfin elle étoit contraire au droit civil, parce
qu'en droit les témoins font autant de foi que les actes par écrit.

Si des preuves générales admiſes dans les Tribunaux, nous
paſſons à l'examen de celles qui tiennent directement à l'état
des hommes, nous trouvons que notre légiſlation ne s'eſt per-
fectionnée que depuis très-peu de temps ſur une matiere auſſi
importante.   E

François Ier en jetta les fondemens en 1539, il ordonna *qu'il seroit fait regiftre en forme de preuve de baptéme, qui contiendroit le temps & l'heure de la nativité*, & que l'on prouveroit le temps de fa majorité par l'extrait de ces regiftres qui feroient pleine foi en Juftice.

L'Ordonnance de Blois, article 181, a depuis ordonné le dépôt de ces regiftres entre les mains des Greffiers en chef de chaque Siége royal ; celle de 1667 a voulu qu'il y en eût toujours deux doubles ; dont l'un refteroit entre les mains des Curés de chaque paroiffe, & l'autre feroit dépofé au Greffe de la Jurifdiction royale.

Ces loix, toutes fages qu'elles étoient, refterent fans exécution, & il fallut que le Roi manifeftât fa volonté d'une maniere plus précife dans fa Déclaration de 1716, qui a été duement enregiftrée, pour affurer l'exiftence des regiftres, & l'on ne commença qu'à cet inftant à les porter exactement dans les dépôts publics.

Il réfulte du rapprochement que nous venons de faire des loix romaines, relatives à l'état des perfonnes & des Ordonnances de nos Rois depuis la fondation de la Monarchie jufqu'à ce jour, qu'en France, tant que le Droit Romain y a été en vigueur, on prouvoit indiftinctement fon origine & fa famille par témoins & par titres, & que depuis le neuvieme fiecle jufqu'en 1566, la preuve teftimoniale a été la feule maniere de les conftater l'un & l'autre ; d'où il fuit que Jean le Jeune, à qui on conteftoit fon état en 1478, a pu légalement l'établir par les dépofitions des témoins qu'il a fait entendre. Ses deux enquêtes ont autant de force qu'en auroient aujourd'hui les extraits de baptême, les contrats de mariage, & les actes mortuaires.

Enfin la preuve teftimoniale eft encore en ufage aujourd'hui, on y a recours toutes les fois qu'on a perdu fes titres par une force majeure ou un événement imprévu ; & les Lettres de Louis XI, duement enregiftrées, conftatent *que les biens de Jean le Jeune avoient été pillés & brûlés par les gens de guerre qui étoient au pays d'Artois*.

Si cette differtation laiffoit encore quelque chofe à defirer, nous invoquerions le témoignage des Auteurs qui ont le plus approfondi la ícience héraldique.

Le Pere Meneítrier aſſure, dans ſon traité des Uſages des Pays-Bas & des Chapitres d'Allemagne, « que l'on ne voit pas
» de preuves régulieres de nobleſſe avant le treizieme ſiecle,
» parce qu'alors la nobleſſe étant militaire, & en uſage de ne
» faire que des alliances nobles ; les Maiſons étoient ſuffiſam.
» ment connues ſans qu'il fallût d'autres preuves que la noto.
» riété publique ; la plupart étoient reçus ſur leur ſerment,
» ou ſur la dépoſition de quelques témoins qui ne parloient que
» du pere & de la mere.

» En 1372, *Etzias Albert*, *des Seigneurs de Boulbon*, *fit ſa*
» *preuve*, *& les témoins dépoſerent que ſon pere*, *ſon grand-pere*,
ſon biſaïeul, *& leurs femmes*, *avoient été* de genere militari.

» Jean de Mornay, qui fut reçu en 1396, *fit entendre des*
» *témoins qui parlerent de ſon pere & de ſa mere*, *de ſes aïeux &*
» *aïeuls paternels & maternels »*.

Les Mémoriaux de la Chambre des Comptes, L. D. *fol.*
150 r°. & 185 v°. *font mention de Lettres de confirmation accor-*
dées à Jean Caucheteur d'Abbeville & à Jacques d'Ambrécourt
d'Amiens, *d'après la ſoumiſſion qu'ils avoient faite de prouver*
par témoins qu'ils étoient nobles.

La Roque en cite une foule d'autres exemples qu'il ſeroit trop long de rapporter.

L'Abbé de Velly, en parlant du procès de Jeanne d'Arc, qui fut inſtruit peu de temps avant que nos deux enquêtes aient été faites, obſerve *que toutes les queſtions d'état ſe décidoient alors par enquête.*

Enfin le ſieur Cherin, dont l'autorité doit l'emporter ſur toutes les autres aux yeux du Marquis de Créquy, n'a pu s'em-pêcher de convenir, dans un travail qu'il a fait ſur la généalo-gie de la branche des *le Jeune*, *que les enquêtes étoient en 1478*, *la voie la plus ordinaire pour prouver ſa nobleſſe.* Et c'eſt ce que nous avions intérêt de prouver.

§. I I.

Nous l'avons déja annoncé, le rôle du Marquis de Créquy

eſt bien différent du nôtre. Il nie tout, & il ne faut, quand on prend ce parti, conſulter ni Ordonnances, ni Juriſconſultes. Nous avons au contraire tout à établir; & d'après la loi que nous nous ſommes impoſée à nous-mêmes, de ne mettre en avant aucune propoſition qui ne ſoit parfaitement prouvée; nous ne nous contenterons pas d'avoir démontré que les enquêtes étoient en 1478 une maniere légale de conſtater ſon origine & ſon état, & que la preuve teſtimoniale ſeroit encore admiſe aujourd'hui ſi quelqu'un ſe préſentoit dans des circonſtances pareilles à celles où ſe trouvoit Jean le Jeune il y a trois cens ans. Nous devons encore, avant d'ouvrir l'enquête de 1478 & d'analyſer ce qu'elle renferme, démontrer qu'elle eſt juridique & revêtue de tous les caracteres qui doivent lui mériter la confiance de la Cour & du Public.

Sa forme a prêté d'abord à la cenſure du Marquis de Créquy. Une enquête, a-t-il dit, doit ſe faire devant le Juge. Ceux qui ſe préſentent pour être entendus doivent prendre devant lui la Divinité à témoin de la vérité des faits dont ils vont dépoſer. Ici aucune de ces formalités importantes n'a été remplie. Les témoins de la premiere enquête n'ont point affirmé, & cette enquête n'eſt autre choſe qu'un certificat mandié, que quelques témoins attirés chez un Notaire ont donné à Jean le Jeune, beaucoup moins pour rendre hommage à la vérité, que pour mettre fin à ſes importunités.

Le Comte de Créquy pourroit ſe borner à répondre que l'enquête de 1478 a été ordonnée par un Jugement contradictoire, qu'elle a été faite dans la forme preſcrite par ce Jugement, qu'elle a paru enſuite ſous les yeux des mêmes Juges qui l'avoient ordonnée, & a été adoptée par un autre Jugement contradictoire. Peut-on ne pas reconnoître comme légal ce qui a été jugé tel par une Sentence qui n'a point été attaquée depuis trois cens ans, & qui a par conſéquent acquis l'autorité pleine & entiere de la choſe jugée?

Mais ce moyen, puiſé dans le texte de nos loix, ſatisfaiſant pour un Juriſconſulte, laiſſeroit peut-être quelque choſe à déſirer au lecteur, il faut donc prouver encore au Marquis de Créquy, que l'enquête de 1478 a été faite dans une forme légale.

Les Juges inférieurs n'ont pas effentiellement & exclufivement à toutes autres perfonnes le droit d'entendre des témoins. Ce point eft tellement conftant que les Rois avoient créé anciennement des offices d'Enquêteurs, qui pouvoient être poffédés par tous autres que des Juges. Les Commiffaires au Châtelet de Paris font encore aujourd'hui les rédacteurs de toutes les enquêtes ; ils entendent & reçoivent les dépofitions des témoins. Les Notaires jouiffoient de ce droit à l'époque à laquelle l'enquête de 1478 a été faite ; il leur avoit été accordé par une Ordonnance de Philippe-le-Bel, donnée à Amiens au mois de Juillet 1304.

Teftes quorum examinatio., porte cette Ordonnance, *Notariis commiffa fuerit diligenter & fideliter examinabunt inquirendo tam fuper principali caufa quam de circonftanciis aliis de quibus fuerit inquirendum & fi teftes fufpeclos habuerint, feu eos viderint vacillantes hoc fenefcallo vel Judici fignificare curabunt.*

Il paroîtroit, à la vérité, d'après les termes dans lefquels eft conçu cet article., que les Notaires devoient recevoir du Juge la commiffion qu'il lui plaifoit de leur adreffer pour la confection des enquêtes ; mais cette objection s'évanouit d'elle-même, fi l'on veut faire attention aux expreffions du Jugement des Elus de Tours, qui ont ordonné cette enquête : *euffions appointé que fommairement de plain & fans figure de procès Jean le Jeune nous informeroit de fa nobleffe, & comme par ci-devant il a fuivi les guerres comme noble.*

Cette forme de prononciation n'eft pas particuliere à la Sentence que Jean le Jeune a obtenue alors. Nous la trouvons employée dans plufieurs occafions ; elle avoit l'effet de ne point aftreindre celui qui fe propofoit de faire une enquête à prendre une commiffion rogatoire. Il lui fuffifoit de fe préfenter devant un Officier public qui eût caractere pour recevoir les dépofitions des témoins ; les Notaires avoient inconteftablement ce caractere. Ils le tenoient de la volonté du Prince & de la loi.

Et dès qu'on avoit permis à Jean le Jeune de faire fa preuve *fans figure de Procès,* on ne pouvoit pas l'aftraindre aux formalités qu'il eût été obligé de remplir s'il n'eût obtenu cette difpenfe.

Quant à l'affirmation des témoins entendus dans l'enquête de 1478, elle y eſt ſpécialement exprimée. On y voit répétés, preſque à chaque ligne, ces mots très-expreſſifs : *déclarent & affirment pour vérité.* Que peut-on donc exiger de plus ? Et cette cauſe n'eſt-elle pas déja aſſez chargée de queſtions ſans en faire naître ſur le ſens grammatical des expreſſions dont on s'eſt ſervi ?

Mais pourquoi Jean le Jeune a-t-il fait ces deux enquêtes à Paris ? Que n'alloit-il en Artois ? C'eſt-là qu'il eût trouvé des gens inſtruits de ſon origine & de ſa nobleſſe. C'eſt-là qu'il eût pu appeller à ſon ſecours les Créquy, qui avoient de très-grandes poſſeſſions voiſines d'Ambricourt. C'eſt-là, en un mot, qu'il auroit eu des contradiâeurs capables de donner du poids à ſon enquête.

Cette objeâion favorite du Marquis de Créquy a été com-battue d'avance par le récit que nous avons fait des circonſ-tances dans leſquelles ſe trouvoit alors la France & la Bour-gogne. L'Artois étoit en 1478 le théâtre de la guerre ; le Duc de Bourgogne venoit de perdre la vie dans un combat que lui avoit livré le Duc de Lorraine ; Louis XI faiſoit les plus grands efforts pour détacher du parti de la Ducheſſe les places principales de l'Artois ; il aſſiégeoit alors Arras qui en eſt la capitale : étoit-il poſſible à Jean le Jeune, ſervant de-puis 15 ans le Roi de France dans la Compagnie de M. de Beaujeu ſon gendre, d'aller en Artois ſans compromettre ſa liberté & ſes jours ? Peut-on préſumer que la paix de 1482, qui laiſſa Arras au pouvoir de Louis XI, eût pacifié les eſprits en 1485, époque de la ſeconde enquête ? Lorſqu'on voit en 1482 les habitans d'Arras préférer la mort à reconnoître Louis XI pour leur Roi ; & quand l'Hiſtoire nous apprend que ce Prince, indigné de la réſiſtance opiniâtre de ces nou-veaux ſujets, fut obligé de les reléguer dans l'intérieur du Royaume, & priva la ville du nom qu'elle avoit porté juſ-qu'alors.

D'ailleurs qu'auroit trouvé Jean le Jeune en Artois s'il eût été y faire l'enquête ordonnée en 1485 ? Des Artéſiens qui auroient dépoſé en faveur de ſa nobleſſe : eh bien ne ſont-ce pas des Artéfiens qu'il a fait entendre à Paris? Des dix témoins différens qui ont paru dans les deux enquêtes de 1478 & 1485, il n'en eft pas un qui ne fût né foit à Ambricourt, foit à Créquy, foit à Arras. Quels témoins plus inftruits de la noblefle, de l'état & de la famille de Jean le Jeune eût-on pu trouver en Artois, que ceux qui étoient nés dans le même lieu que lui, qui avoient été élevés avec lui, qui connoiffoient fon pere, fa mere, fes freres, fes coufins, fon ayeul même, & à qui leurs ancêtres avoient tranfmis l'opinion que l'on avoit toujours confervée dans le pays de leur extraction & de leur famille ?

Au moins, dit-on, devoit-il appeller en témoignage des Gentilshommes? En croira-t-on des Marchands fur l'ancienneté de la noblefle de Jean le Jeune ? Etoient-ils en état d'apprécier les avantages d'un grand nom, la généalogie de la Maifon de Créquy leur étoit-elle connue? Ce qu'ils ont dit à ce fujet fera-t-il loi, & fuffira-t-il pour placer un citoyen, peut-être obfcur, dans l'une des premieres Maifons de France? Tel eft en abrégé l'objection du Marquis de Créquy.

Sans doute, fi Jean le Jeune eût été domicilié en Artois, que placé au milieu de fa famille, il eût eu à fe défendre de la demande du Fermier qui auroit voulu l'impofer aux charges publiques; il paroîtroit étonnant qu'il n'eût appellé pour témoins que des gens obfcurs, & n'eût pas invoqué l'appui de la Maifon puiffante à laquelle il appartenoit.

Mais étoit-ce là la pofition de Jean le Jeune ? éloigné de plus de cent lieues de fa patrie, il fe trouvoit en 1478 fous une domination étrangere. L'Artois, anciennement démembré de la Couronne, étoit poffédé à titre de grand Fief, mais en fouveraineté par les Ducs de Bourgogne. Ces Princes devenus plus puiffans que le Souverain dont ils relevoient étoient en guerres prefque continuelles avec lui. La politique élevoit un mur de feparation entre les deux nations, & ne laiffoit furtout à cette époque aucune communication entr'elles.

Forcé de faire fa premiere enquête à Paris, Jean le Jeune fut-il le maître de choifir fes témoins. Les Gentilshommes occupés à porter les armes pour la défenfe de leur Prince ne pouvoient être répandus alors dans les Royaumes voifins. Il a donc été réduit à prendre le témoignage des Arthéfiens qu'il a pu trouver. Heureux dans cette circonftance d'avoir rencontré en France des perfonnes qui l'euffent connu dès fon enfance & aient rendu compte du rang que fa famille occupoit en Artois.

Suppofons pour un inftant qu'un Anglois d'une Maifon illuftre fe foit attaché au fervice de France : qu'après un certain tems, jaloux de vivre en paix, il y ait acquis des poffeffions. Suppofons encore que les Collecteurs de la paroiffe dans laquelle fes biens feroient fitués l'impofent aujourd'hui à la taille , & que dénué de titres pour établir fa nobleffe, il lui foit ordonné, par une Sentence de l'Election, de la prouver par témoins , quel parti lui refteroit-il à prendre ? Iroit-il à Londres chercher fes titres ? Mais odieux à fa nation puif-qu'il auroit fervi contre elle ; la crainte de perdre la vie ou la liberté l'empêcheroit d'approcher d'une ville qui deviendroit à coup fûr funefte pour lui. Iroit-il réclamer la protection de l'Ambaffadeur ? Mais la guerre qui diviferoit les deux nations ne lui laifferoit pas même cette reffource. Que pourroit - il donc faire ? chercher dans la capitale quelques-uns de fes concitoyens qui connuffent fa nobleffe ; & s'il parvenoit à découvrir des perfonnes qui fuffent nées dans le même canton que lui, qui l'euffent vu dans fa jeuneffe, qui connuffent fes parens, fes furnoms & fes armes, héfiteroit-on à regarder aujourd'hui fa preuve comme concluante ? Rejetteroit-on les témoins par cela feul qu'ils ne feroient pas tous Gentils-hommes ?

La Nobleffe, fans doute, a de grands avantages : elle mérite nos égards & nos refpects. Elle eft le premier garant de la délicateffe & de l'honneur de celui que la nature en a favorifé. Elle annonce prefque toujours des fentimens que l'éducation a épurés ; elle peut fouvent retenir dans le fentier de la vertu celui qui, fans ce frein, eût cédé à fes paffions. Mais fut-on jamais jufqu'à prétendre qu'un Gentilhomme puiffe feul mériter la confiance des Tribunaux ? Enviera-t-on à l'homme honnête, au fimple citoyen, que fa vertu ennoblit, la faculté

de

de dire ce qu'il connoît, & l'avantage d'en être cru ? Parcourons les volumes où les Romains ont conservé les précieux
monumens de leur sagesse & de leur expérience. Ouvrons
nos Ordonnances, & voyons s'il existe une seule loi qui, même
en matiere de noblesse, ne permette d'appeller, pour la prouver, que ceux qui en jouissent.

Si nous consultons les Loix Romaines, nous trouvons que
toutes personnes sans distinction de sexe pouvoient être citées
devant le Tribunal pour déposer.

« *In judiciis*, dit la loi 18, dig. de testibus, *ad testimonium*
ferendum admittuntur non solùm masculi, sed & mulieres ».

Les restrictions qu'ils apportoient à cette regle générale ne
naissoient que des circonstances particulieres dans lesquelles
les témoins se trouvoient, ou de leurs relations avec la personne contre laquelle ils devoient déposer. Un Affranchi, par
exemple, ne pouvoit déposer contre son Patron. Les impu-
beres en étoient jugés incapables ; ceux qui avoient été notés
d'infamie étoient indignes de paroître en Justice, & ne mé-
ritoient pas d'en être crus. *Quidam propter reverentiam perso-*
narum, quidam propter lubricum consilii sui, alii propter notam
& infamiam vitæ suæ, admittendi non sunt ad testimonium fe-
rendum.

L. 7, dig. de testibus.

L'unique objet que se propose la Justice quand elle a recours
au témoignage des hommes, est de découvrir la vérité ; elle
n'éloigne de son Tribunal que ceux qui peuvent lui être sus-
pects ; les esclaves même étoient admis à déposer, à défaut
d'autres témoins. *Servi responso tunc credendum est, cùm alia*
probatio ad eruendam veritatem non est.

Ces principes sont adoptés parmi nous : nous ne connoissons
aucune Ordonnance dont l'objet ait été de fixer les qualités
que doivent avoir des témoins pour en être cru en Justice.
Beaumanoir, cité par Lauriere, dans son Commentaire sur les
anciennes Ordonnances, dit *que si une chose est niée, & que le*
Demandeur offre de la prouver par témoins, en cette maniere de
preuve il convient de produire deux loyaux témoins.

L'Ordonnance de 1667 ne donne à la Partie contre laquelle on procede, à une enquête, que le droit de fournir des

reproches contre les témoins. Elle ne déſigne pas ce qui peut rendre un témoin reprochable ; & ſon ſilence à cet égard nous reporte néceſſairement au Droit Romain, qui devient notre loi en cette partie. Quiconque n'eſt ni parent, ni allié, ni ſerviteur de celui contre lequel il eſt appellé en témoignage, & n'a point été flétri par la Juſtice, eſt admis à dépoſer des faits qui lui ſont connus. C'eſt la premiere fois qu'on a voulu priver une claſſe de citoyens non moins nombreuſe qu'utile à l'Etat, du droit de dépoſer de la nobleſſe d'un Gentilhomme qui a toujours été réputé tel dans le pays qu'il habitoit.

Nous ſçavons que les preuves requiſes pour entrer dans un Chapitre noble ſe font par la dépoſition de témoins Gentils-hommes ; mais cette preuve n'eſt pas judiciaire, & il eſt conſtant d'ailleurs qu'à Malthe même on fait entendre quatre nobles, & quatre roturiers dans les enquêtes qui précedent l'admiſſion du récipiendaire.

Enfin, quand on ſuppoſeroit, pour un inſtant, que nul roturier ne pût être entendu ſur un fait de nobleſſe ou en matiere d'Etat, le Comte de Créquy trouveroit encore dans l'enquête de 1478 de quoi ſatisfaire à la juriſprudence rigoureuſe du Marquis de Créquy. On compte parmi les témoins entendus dans l'enquête de 1478 Jean le Jeune, natif d'Arras, qualifié d'ancien *Maïeur d'Arras*, qui, en ſa qualité de Magiſtrat, étoit, à cet égard, rangé dans la claſſe des Nobles, & dont le témoignage, par conſéquent, ne peut être récuſé. On y trouve un Prêtre Bachelier en décret, qui jouiſſoit eſſentiellement encore du privilege de la nobleſſe ; ces deux témoins ont dépoſé conjointement avec trois autres nés en Artois & dans le voiſinage d'Ambricourt. Ces deux témoins ſeuls ſuffiroient pour rendre l'enquête de 1478 inattaquable, quand on admettroit les principes haſardés par le Marquis de Créquy, puiſque deux témoins font une preuve complette non ſeulement en matiere civile, mais même en matiere criminelle*, à moins qu'on aille juſqu'à ſoutenir que l'on doit apporter plus de précautions & uſer d'une plus grande rigueur pour conſtater la nobleſſe & l'origine, que pour décider de l'honneur & de la vie des citoyens.

* Leg. 12, *dig. de teſtibus, ubi numerus teſtium non adjicitur, etiam duo ſufficient ; pluralis enim elocutio duorum numero contenta eſt.*

Il réfulte de ces diſſertations particulieres, auxquelles nous avons été obligés de nous livrer ſur l'authenticité des enquêtes de 1478 & 1485, qu'elles ſont l'une & l'autre dans une forme probante, ſoit que l'on veuille conſidérer le lieu où elles ont été faites, l'état & les fonctions de ceux qui les ont reçues, ſoit que l'on s'arrête aux qualités perſonnelles des témoins qui y ont été entendus.

§ III.

Nous n'avons encore fait que deux pas dans la cauſe : mais maintenant qu'il eſt démontré, d'une part, que les enquêtes étoient en 1478 & 1485 une maniere légale de conſtater ſon état & ſon origine ; de l'autre, que celles qui ont été faites par Jean le Jeune, ſont en forme probante & authentique, nous nous permettrons de conſulter ces enquêtes, & d'y chercher ce que les témoins ont déclaré, non-ſeulement ſur la nobleſſe, mais encore ſur l'origine de Jean le Jeune, duquel deſcend inconteſtablement le Comte de Créquy.

Les cinq témoins qui compoſent la premiere enquête, ont déclaré unaniment, « *que Jean le Jeune étoit iſſu de par pere* » *de ceux de Créquy, dont il portoit encore de préſent les armes,* » *fors qu'il y avoit différence de couleurs* ».

Quoi de plus précis, de moins ambigu qu'une pareille dépoſition ! Peut-on mieux exprimer l'origine des le Jeune, qu'en diſant qu'ils ſont deſcendus *de par pere de ceux de Créquy ?* Si cette premiere partie de la phraſe pouvoit laiſſer quelque doute. dans les eſprits, ne ſeroient-ils pas totalement diſſipés par les mots qui ſuivent, *iſſus de par pere de ceux de Créquy, dont ils portent encore de préſent les armes, fors qu'il y a différence de couleurs.* La ſimilitude parfaite des armes que les le Jeune ont portées depuis cinq cents ans, avec celles qui ont tou-jours appartenu à la Maiſon de Créquy ; la différence qui ſe trouve en effet entre les émaux de ces armes, permet-elle d'héſiter ſur le ſens de la déclaration faite par les té-moins ? Soit donc que l'on conſulte la premiere idée qui ſe préſente à la lecture de cette dépoſition ; ſoit qu'après l'avoir bien méditée on cherche à lui donner un ſens qui en explique toutes les parties, on demeure convaincu que les témoins ont dit poſitivement que les le Jeune étoient Créquy ; qu'ils étoient anciennement ſortis d'un Créquy , qu'ils portoient encore le armes de cette illuſtre Maiſon, & qu'il n'y avoit entre leur écuſſon & celui des Créquy de différence que celle des émaux & des couleurs.

Si jamais le ſens de cette dépoſition avoit pu préſenter la moindre obſcurité, on en auroit trouvé l'explication dans l'enquête de 148; , puiſque le ſeul des témoins qui y ait paru, répete dans ſa dépoſition, *qu'il a vu le frere de Jean le Jeune porter des armes , qu'on diſoit être dépendantes des armes de l'Hôtel de Créquy, qui eſt des nobles Maiſons de Picardie.*

C'eſt cependant contre une déclaration auſſi préciſe, que le Marquis de Créquy entreprend de lutter. Il ne craint point d'équivoquer ſur le *mot ceux.* Il ſoutient que *deſcendus de par pere de ceux de Créquy, ne ſignifie autre choſe que deſcendus des le Jeune, qui habitoient Créquy, pour les diſtinguer des autres le Jeune répandus dans l'Artois.*

Nous voilà donc encore obligés de traiter une queſtion purement grammaticale , & réduits à chercher dans les Auteurs qui écrivoient alors, & dans ceux qui ont cultivé depuis la ſcience héraldique, le ſens de cette expreſſion, *deſcendus de part pere de ceux.*

Parmi les autorités ſans nombre dont nous pourrions charger ici la défenſe du Comte de Créquy, nous choiſirons d'abord les preuves de nobleſſe d'une demoiſelle de Boufflers, que l'on deſiroit faire entrer à Saint-Cyr. Elles ont été préſentées au Roi en 1686 ; & au nombre des pieces deſtinées à compléter ces preuves, on y trouve l'atteſtation donnée en 1487 par Jean, Seigneur de Melun, & de Perceval-aux-Dames Chanoineſſes de Maubeuge. Il y eſt dit que demoiſelle Marie de Boufflers, fille de Jacques, Seigneur de Boufflers, Chevalier, & de dame Perine de Ponches, leurs prochains conſanguins & couſins, *étoit gentilfemme de tous côtés, comme iſſue de par ſon pere de ceux de Boufflers, , de Neuville & de Mamets.*

Les mêmes expreſſions ſont répétées dans une autre atteſtation de 1520, donnée à l'Abbeſſe & aux Chanoineſſes de Nivelle, par de Croï, Chevalier de la Toifon d'Or, Hugues de Melun, Jean d'Halvin, & Nicolas de Montmorency : tous quatre certifient que demoifelle Louife de Boufflers, fille de Jean, Seigneur de Boufflers, & de dame Françoife de Rouverel, leurs prochains confanguins & coufins, étoit gentilfemme de tous côtés, *comme étant iffue de par fon pere de ceux de Boufflers.*

Philippe Lepinois, en fes recherches des antiquités & nobleffe de Flandres, rapporte « que Nicolas Trieft, Chevalier,
» Seigneur de Ruddevrhoüe, defirant faire entrer fa fille dans
» le Chapitre de Maubeuge, fit attefter, par quatre gentil-
s hommes, aux Dames Chanoineffes de Maubeuge, que ladite
» demoifelle Yfabeau de Trieft étoit fille légitime de Meffire
» Nicolas Trieft, Seigneur de Ruddevrhoüe, & de mademoi-
» felle Villemette de la Hoye, fa femme, née en léal mariage,
» & gentilfemme, à fçavoir du lez & cofté du Seigneur *fon*
» *pere, defcendue de ceux de Trieft* & de Louendegher, & du
» côté de la mere dudit Seigneur, defcendue *de ceux* de
» Marer-Kercle & *de ceux* de Waffeneze, & du lez & côté
» maternel d'icelle dame, de par fon pere defcendue *de ceux*
» *de la Hoye & de ceux de Sehaegen,* & de par la mere de
» ladite mere, la fufditte demoifelle Yfabeau eft defcendue *de*
» *ceux de la Chambre & de ceux de Hallewin;* ce qui appert
» par lefdites lettres defdits Chevaliers, données le vingtieme
» jour de Mars 1520 ».

Si d'après des exemples auffi multipliés, il étoit poffible d'élever encore des doutes fur le fens de cette expreffion, *defcendus de par pere de ceux,* nous en citerions de perfonnels à la Maifon de Créquy elle-même.

Adrien Delamorliere, dans fon traité fur les antiquités de la ville d'Amiens, à l'article où il parle de la Maifon de Créquy & de celles qui en dépendent, obferve que « la Maifon de
» Créquy s'allia quelquefois avec celle d'Amiens, en leur tems
» Seigneurs de Canaples; duquel titre *ceux de Créquy* prennent
» à honneur de fe qualifier ordinairement ».

Enfin, fi le Marquis de Créquy veut ouvrir fa généalogie,

compofée en 1620 par Pierre d'Hozier, (1) il trouvera cette expreſſion *de ceux*, employée pour déſigner les familles.

Le Généalogiſte voulant donner une haute opinion de la Maiſon dont il raſſembloit les titres, invoque le témoignage des Hiſtoriens : » *Que l'on conſulte*, dit-il, *la ſuite des hiſtoires* » *qui, de tems à autre, font toujours honorable mention de ceux* » *de Créquy* ».

Dira-t-on que Pierre d'Hozier entendoit déſigner par-là les habitans du village de Créquy ? N'eſt-il pas évident, au contraire, qu'il employoit cette expreſſion, parce qu'elle étoit en uſage alors pour marquer les liaiſons qui ſe trouvoient entre pluſieurs individus d'une même famille?

Lors donc que les cinq témoins entendus dans la premiere enquête, ont dépoſé *que Jean le Jeune étoit iſſu de par pere de* *ceux de Créquy*, ils ont atteſté dans le langage du tems, langage d'ailleurs fort expreſſif, que Jean le Jeune étoit de la Maiſon de Créquy ; qu'il en étoit deſcendu par ſon pere ; & par conſéquent qu'il étoit Créquy. Quand ils ont atteſté qu'il en avoit encore les armes, ils ont fortifié leur premiere aſſertion : car on ne peut avoir les armes d'une Maiſon, ſi on n'en eſt deſcendu par ſon pere. Enfin, quand ils ont dit *qu'il en* *portoit encore les armes, fors qu'il y avoit différence de couleurs*, ils ont parlé en gens inſtruits, non-ſeulement de la nobleſſe de la Maiſon de Créquy, mais encore de ſes armoiries, puiſqu'ils avoient remarqué une briſure qui ſubſiſte en effet encore aujourd'hui.

Ainſi cinq témoins irréprochés & irréprochables ont, dans une enquête juridiquement ordonnée & juridiquement reconnue pour authentique, atteſté que Jean le Jeune, neuvieme aïeul connu du Comte de Créquy, étoit Créquy. Les enquêtes étoient alors une maniere légale, & la ſeule maniere

---

« (1) D'Hozier (Pierre,) dont il s'agit ici, étoit fils d'un Avocat : il naquit à » Marſeille en 1592. Le pur haſard le jetta dans le goût des recherches généalo-» giques, lorſqu'il y penſoit le moins, & uniquement pour rendre ſervice à M. de » Créquy de Bernieuille, qui avoit des raiſons perſonnelles d'être au fait de ſa » généalogie. M. d'Hozier, après y avoir travaillé long-temps, publia, pour ſon » coup d'eſſai, la généalogie de la Maiſon de Créquy-Bernieulle.

Voyez le Dictionnaire Encyclopédique, au mot Généalogie.

de prouver fon état. Celui de Jean le Jeune, comme iſſu de la Maiſon de Créquy *par ſes peres*, eſt donc légalement prouvé, & celui du Comte de Créquy l'eſt également, puiſque l'état eſt impreſcriptible.

Ces enquêtes, nous dit-on, ne font point contradictoires avec la Maiſon de Créquy ; c'eſt, à ſon égard, *res inter alios acta*. Il eſt impoſſible, par conſéquent, d'en tirer aucun avantage contr'elle.

Autant cette objection auroit de force ſi les enquêtes étoient récentes, autant elle eſt foible, lorſqu'on conſidere à quelle diſtance nous ſommes du tems où elles ont été faites. Les titres les plus précieux pour les grandes familles, ſont les chartres de fondation des Abbayes ou Monaſteres. On ne recueille pas ſeulement avec ſoin les noms des fondateurs, mais on croit avoir fait une découverte précieuſe pour ſa Maiſon, quand, au nombre des perſonnes qui paroiſſoient comme témoins dans la chartre, ou qui y étoient nommées comme propriétaires voiſins des biens dont on a doté l'Egliſe, on peut trouver un nom & des ſceaux qui aient rapports avec les ſiens. Il n'y a pas une des inductions que l'on tire de pareils actes, contre laquelle on ne puiſſe oppoſer la maxime, *res inter alios acta*. Ces preuves en ſont-elles moins reſpectables ? Combien de familles, & des plus illuſtres, n'ont, dans les 13e, 12e & 11e ſiecles, que de pareilles inductions pour tous titres ?

Faudroit-il donc dorénavant regarder ces preuves comme inſuffiſantes ? Non ſans doute. Uue maxime non moins vraie que celle qu'on nous oppoſe, ſert à en modifier les effets ; les énonciations qui ſe trouvent dans les actes anciens, tiennent lieu de preuves : *in antiquis enunciativa probant*. Si les enquêtes de 1478 & 1485, étoient contradictoires avec la Maiſon de Créquy, il n'exiſteroit ſûrement pas de procès entre le Marquis & le Comte de Créquy ; mais de ce qu'elles ne ſont pas contradictoires avec cette Maiſon, on n'en doit pas conclure qu'elles doivent demeurer aujourd'hui ſans effet ; elles ſervent à prouver la poſſeſſion *de l'état de Créquy* dont la branche des le Jeune jouiſſoit alors en Artois. Or, la poſfeſſion eſt une des manieres légales d'établir ſon état ; & ce qui eſt prouvé pour Jean le Jeune, l'eſt néceſſairement pour tous ſes deſcendans. D'ailleurs, ces enquêtes ſont devenues contradictoires avec le Marquis de Créquy, chef des nom & armes ; puiſqu'après les avoir rapprochés des titres de ſa Maiſon, qu'il avoit eus en qualité d'aîné, il a reconnu que la branche des le Jeune étoit originaire de la maiſon de Créquy.

Cependant Jean le Jeune n'a point déclaré, dit-on, aux Elus de Tours, qu'il fût Créquy ; il n'avoit pas pour objet de prouver qu'il fût ſorti de cette Maiſon; il n'en a pas même repris le nom, quoique les témoins le lui donnaſſent. En doit-on croire ces témoins plutôt que lui ? Il avoit un intérêt trop grand à porter ce nom, pour croire qu'il ait négligé de le reprendre, s'il lui eût vraiment appartenu.

A quoi lui eût ſervi de dire qu'il étoit iſſu de la Maiſon de Créquy ? Les Créquy originaires d'Artois, étrangers à la France, combattant contr'elle, étoient-ils connus des Collecteurs de Tours ? Jean le Jeune, compris par eux dans les rôles des tailles, ne pouvoit rien dire de plus convenable à ſa poſition, que ce qu'il a dit en effet. Je ſuis noble, & mal à propos vous m'avez impoſé à la taille. Le ſilence qu'il a gardé ſur ſon origine, ajoute encore à la confiance que les enquêtes méritent par elles-mêmes. Si Jean le Jeune n'a pas dit, devant les Elus de Tours, qu'il fût Créquy, s'il s'eſt contenté de dire qu'il étoit noble, il n'a dû chercher, dans les témoins qu'il produiſoit, que des gens en état de dépoſer de ſa nobleſſe ; on ne les ſoupçonnera pas de les avoir corrompus pour les porter à lui donner une origine illuſtre, qu'il ne s'étoit pas attribuée. Cependant ces témoins ont dépoſé unanimement *qu'il étoit deſcendu, de par pere, de ceux de Créquy.* Ils ſont entrés dans le détail des armoiries de la maiſon de Créquy, & de la branche des le Jeune. La notoriété publique leur avoit donc appris que les le Jeune d'Ambricourt ſortoient de la Maiſon de Créquy ? Telle étoit à Créquy même l'opinion des habitans ; cette opinion s'étoit conſervée malgré la différence qui ſe trouvoit entre le nom de Créquy & celui

de

de le Jeune. Elle formoit, en faveur des le Jeune, une poffeffion conftante de l'état de Créquy. *Nobilitas*, dit Tiraqueau,
*per folam famam id eft communem hominum eftimationem pro-
batur.* On ne peut pas dire non plus qu'ils aient dépofé de
faits étrangers à la caufe ; car la nobleffe & l'origine ont une
affinité effentielle ; on n'eft noble, que parce qu'on eft iffu de.
peres nobles ; les preuves qui conviennent à la nobleffe, conviennent néceffairement à l'origine. Et les témoins n'ont fait
que développer le témoignage qu'ils portoient en faveur de la
nobleffe de Jean le Jeune, lorfqu'ils ont dit qu'ils étoient iffus de
la Maifon de Créquy. Ainfi l'opinion qu'avoient confervé les
habitans de Créquy, d'Ambricour & de l'Artois fur la branche
des le Jeune, confignée dans les dépofitions de cinq témoins
uniformes, feront toujours, aux yeux de la raifon, de la Loi
& de tous les Juges, une preuve inconteftable que les le Jeune
font originairement fortis de la maifon de Créquy.

Jean le Jeune n'a pas pris le nom de Créquy, quoique les témoins le lui euffent donné ? Nouvelle preuve encore qu'il
n'avoit pas formé le projet d'ufurper un grand nom qui ne lui
eut pas appartenu. Si tel eût été fon deffein, auroit-il manqué
de profiter des troubles qui divifoient alors la France & la
Bourgogne, & tenoient tous les Gentilhommes de l'Artois,
les Créquy eux-mêmes, éloignés de la Cour de France ; pour
jetter les fondemens de cette ufurpation. S'il a produit l'enquête
où les témoins avoient dépofé de fon origine fans changer de
nom, c'eft que le fentiment de fa nobleffe & de fon origine
n'avoit pas befoin d'être rehauffé par la Déclaration de ceux
qui l'avoient connu. Il ne penfoit pas plus déroger en France
à l'état de Créquy, en portant le nom de le Jeune, qu'il
l'avoit fait jufqu'alors en Artois.

Un exemple rendra plus fenfible encore ce qui, fans doute,
le portoit à ne pas reprendre le nom de Créquy.

Parmi les différentes branches de la maifon de Créquy,
nous en diftinguons trois rappellés par tous les auteurs, les
Heilly, les Mareuils, les Rebretingues, deux de ces branches
avoient des brifures dans leurs armes, & les Heilly ne portoient pas même le créquier. Comment donc jouiffoient-elles
de l'état de Créquy ? parce qu'il étoit de notoriété publique

G

qu'elles étoient de cette maison, & l'opinion générale leur servoit de titres.

Supposons maintenant qu'un Mareuil ou un Rebretingues soit passé en pays étranger, qu'on lui ait contesté sa noblesse, & qu'il ait été obligé de la prouver ; ceux de ses concitoyens qu'il auroit rassemblés pour en déposer, auroient pu dire *qu'il étoit descendu par pere de ceux de Créquy, dont il portoit encore de présent les armes, fors qu'il y avoit différence de couleur;* le Mareuil ou le Rebreetingues qui auroit fait faire cette enquête l'auroit produite, & auroit obtenu un Jugement favorable : auroit-il pour cela quitté son nom, pour reprendre le nom de Créquy ? Non, sans doute : pénétré de l'idée qu'il étoit vraiment descendu de la maison de Créquy, il auroit conservé le nom qui distinguoit sa branche des autres, & sous lequel il avoit toujours été connu. Les dépositions des témoins ne lui auroient rien appris de nouveau, & il n'auroit pas prévu qu'étranger au pays dans lequel il étoit venu fixer son domicile, ses descendans n'auroient pas l'avantage de cette opinion générale, que ses concitoyens avoient conservée sur son origine.

Tel est le tableau exact de ce qui se passoit en 1478, à l'égard de Jean le Jeune.

Content de ce que ses titres & ses ancêtres lui avoient appris de son origine ; rassuré par cette notoriété publique, qui existoit en Artois & à Créquy même, & qui le présentoit par-tout comme Créquy, il n'a pas pensé que les connoissances des hommes périssent avec eux, que le fait le plus public se perd avec la génération qui en a été témoin, & que le tems destructeur de tout ce qui existe a presque toujours pour premiere victime ce qui n'est confié qu'à la mémoire des hommes.

Quels que soient les efforts du Marquis de Créquy pour détruire les enquêtes produites par le Comte de Créquy, il ne fera jamais que cinq témoins, n'ayent dit affirmativement que Jean le Jeune étoit originaire de la maison de Créquy, qu'ils l'ayent dit sans en être requis par lui. Si l'on veut écarter leur témoignage, il faut aller jusqu'à dire que ces témoins sont venus en imposer grossiérement aux Notaires, devant qui ils étoient amenés ? Mais, loin que leurs dépositions puissent être

fufpectes , il n'eft pas un des autres faits dont ils ont parlé dans
les deux enquêtes, pas une des qualités qu'ils ont priie ou qu'ils
ont donné , pas un des individus qu'ils ont nommés qui ne fe
trouvent vérifiés par des pieces étrangeres à la caufe, & tirées
des dépôts publics les moins faits pour être foupçonnés.

Le premier des témoins entendu dans l'enquête de 1478 eft
Jean le Jeune ; il prend la qualité de *nagueres* , *Mayeur d'Arras* ,
& les regiftres , *au renouvellement de la loi de la ville d'Arras*
pour l'année 1468 , nous préfentent *un Jean le Jeune , Mayeur*.

Le fecond témoin, eft noble Robert des Marquets, qui fe
qualifie de *nagueres* , *Lieutenant Général* de la Gouvernance
d'Arras, & le même Robert des Marquets eft cité comme
Lieutenant Général , dans un regiftre des plaids de la Cour
du Château d'Arras, datée du 28 Mars 1475.

Ces témoins ne fe font donc pas attribués des qualités qu'ils
n'avoient point, & les dépofitions d'anciens Magiftrats font
faites pour mériter la confiance de la Juftice.

Les cinq témoins qui compofent l'enquête de 1478 , ont
déclaré que Jean le Jeune étoit natif d'Artois, & ce fait fe
trouve confirmé par les Lettres Patentes qu'il obtint de Louis
XI en 1482.

Ils ont dit que Jean le Jeune fervoit dans la Compagnie de
M. de Beaujeu, gendre de Louis XI, & ce fait eft encore attefté par Louis XI lui-même.

» Par confidération des bons & agréables fervice que notre
» amé *Jean le Jeune , Ecuyer, natif de notre pays & Comté d'Ar-*
» *tois, nous a fait par ci-devant & à notre fils & coufin le Comte de*
» *Clermont & de la Marche , Seigneur de Beaujeu.*

Ils ont ajouté que Taffart le Jeune, pere de Jean , demeuroit
à Ambricourt, & qu'il poffédoit des fiefs.

Et le même Taffart le jeune fixe fon domicile à Ambricourt dans deux aveux qu'il rend en 1433 & 1437 au Seigneur de Verchin. Ces aveux ont été retrouvés dans les archives du Comté de Saint-Pol.

Ils parlent d'un Jacques, Seigneur en partie d'Ambricourt.

Et Demoifelle Jeanne de Tramecourt, veuve de ce même
Jacques, rendant aveu en 1474 au Duc de Bourgogne du
fief fitué à Ambricourt, y qualifie fon défunt mari d'Ecuyer,

Seigneur en partie d'Ambricourt. Cet aveu exiſte encore dans les archives du Comté de Saint-Pol.

Ils donnent à Jean le Jeune une ſœur Religieuſe à la Theuilloye, & on lit encore aujourd'hui ſur un ancien regiſtre de ce Couvent, transféré depuis dans un fauxbourg d'Arras, le nom de ſœur *Euſtache le Jeune*, qui paroît être décedée en 1494, & qui portoit le même nom de baptême que *Taſſart ou Euſtache* ſon pere.

Ils ajoutent qu'il falloit être noble pour être admiſe dans ce Couvent; & il eſt prouvé par un certificat des Notaires même qui ont compulſé ces regiſtres, que le Couvent de la Theuilloye étoit de fondation royale, & qu'il falloit autrefois être noble pour y entrer.

Meſſire Baulde Lemaitre, Prêtre & Bachelier en décret, l'un de ces cinq témoins, dit qu'il a eu connoiſſance de noble femme Demoiſelle Catherine Potelle, mere de Jean le Jeune & femme de Taſſart le Jeune, pere de Jean.

Et les regiſtres de l'Abbaye de la Thuilloye conſtatent l'exiſtence & la haute nobleſſe de la maiſon connue ſous le nom de Potelle, puiſqu'on y voit une ſœur, Marie Potelle, Supérieure, morte en 1419, & qui avoit ſuccédé preſqu'immédiatement à Yolande de Montargis, premiere Supérieure de cette Abbaye fondée en 1322.

Ils atteſtent que Taſſart le Jeune vivoit noblement, menoit chiens & oiſeaux; que Jean le Jeune, ſes freres & ſes couſins, étoient appellés pour ſervir leurs Princes en leurs guerres & armées.

Et Jeanne de Tramecourt, veuve de Jacques le Jeune, en rappellant dans l'aveu qu'elle rendoit au Duc de Bourgogne en 1474 les charges dont ſes fiefs étoient grevés, obſerve qu'elle eſt obligée de fournir à l'entretenement de l'état, vie & gouvernement du fils bâtard dudit feu Jacques le Jeune ſon mari, *qu'on ne peut*, ajoute-t-elle, *laiſſer ni oublier, à cauſe* » *que continuellement & chacun jour il ſert Monſeigneur le Duc* » *en ſes guerres & armées à grands frais & dépens de ladite* » *Demoiſelle & de ſon fils mineur, en état de monture & d'ha-* » *billement d'homme d'armes, comme il eſt accoutumé de faire* ».

Enfin, ils ont vu porter aux le Jeune les armes de la maiſon de Créquy, fauf qu'il y avoit différence dé couleurs.

Et plufieurs fceaux appofés au bas de quittances données par Taffart le Jeune, Procureur-Général du Comté d'Artois en 1384, préfentent des armes telles que les portoit le Comte de Créquy avant que le Marquis de Créquy, Lieutenant-Général des armées du Roi, chef des nom & armes de la maifon de Créquy, lui eût permis de les porter pleines. Elles ne différoient en effet que par les couleurs de celles de Créquy.

Et l'on oferoit encore foupçonner ces témoins d'en avoir impofé. Ils n'auront pas pris une qualité qui ne leur appartint ; ils n'auront pas cité un individu dont l'exiftence ne foit prouvée. Ils n'auront erré ni fûr les domiciles de chacun de ceux qu'ils nommoient, ni fur la fituation de leurs poffeffions, ni fur les emplois qu'ils exerçoient ; & l'on veut que fortant tout-à-coup de leur caractere ils fe foient réunis pour donner à Jean le Jeune un nom autre que le fien, une origine illuftre qui ne fut jamais la fienne. Non, les témoins entendus dans l'enquête de 1478 font exempts de ces reproches ; leurs dépofitions portent l'empreinte de la vérité ; c'eft par la confonnance des faits dont ils ont parlé, avec tout ce qui les environne, qu'on reconnoît qu'ils font vrais ; & le menfonge n'eut jamais l'avantage de conferver de rapports parfaits avec des objets ètrangers à fon auteur. Quiconque a dit vrai fur onze faits effentiels mérite d'en être cru fur le douzieme, fur-tout quand aucun intérêt étranger ne paroît l'avoir porté à en dépofer.

Le fieur Cherin lui-même a été forcé de rendre hommage à ces vérités ; & nous n'avons fait que développer ici ce qu'il a donné comme un point certain.

« La conformité des différens faits, dit-il, dont ont dépofé » les témoins entendus dans les deux enquêtes, ne permet » de foupçonner ni leur probité ni leur exactitude ; & dès » lors on leur doit confiance fur les autres faits dont ils ont » dépofé, & dont on n'a point encore acquis de preuves lit-» térales, à moins qu'on n'en ait de contraires ».

Réfumons les conféquences qui réfultent néceffairement des principes & des faits que nous venons d'établir.

Les enquêres étoient en 1478 & 1485 une maniere légale de conftater fon état, fa nobleffe & fon origine.

Les deux enquétes de 1478 & 1485 font en forme probante & autentique.

Ceux qui ont été entendus, témoins de la poffeffion dans laquelle les le Jeune étoient en Artois de l'état de Créquy, ont dépofé affirmativement que les le Jeune étoient Créquy.

Ils n'ont pu en dépofer que parce que la notoriété publique le leur avoit appris.

La notoriété publique eft une preuve légale de l'état des hommes.

Jean le Jeune a donc légalement prouvé qu'il étoit Créquy.

Et comme l'état & l'origine font inaltérables & impreſcriptibles, le Comte de Créquy a droit au nom de la famille, dont Jean le Jeune, fon neuvieme auteur, a prouvé qu'il étoit iffu.

Preuve tirée des Armoiries.

§. Ier.

Principes généraux fur les armoiries.

Juſqu'ici nous avons invoqué le témoignage des contemporains de Jean le Jeune ; confultons maintenant des témoins qui dépofoient il y a plus de quatre fiecles, & qui dépofent encore aujourd'hui de l'origine de la branche qu'il a formée. Les armes du Comte de Créquy, portées fans la moindre altération par fes ancêtres depuis cinq cens ans, n'étoient-elles pas dans ces tems reculés, & ne font-elles pas encore le figne certain qui les réunit à la maifon de Créquy? Telle eft la queftion que nous nous propofons de traiter.

La défenfe du Comte de Créquy eft déjà trop étendue pour nous livrer encore à des differtations hiftoriques fur l'origine des armoiries. Il eft certain qu'elles étoient en ufage dans les tems les plus reculés. La guerre, auffi ancienne que l'établiffement des Sociétés, partageant néceffairement les hommes en différens partis, les obligea d'adopter certains figues pour fe rallier dans les combats. Les Egyptiens portoient dans leurs drapeaux trois ferpens ondoyants ; les Chaldéens trois étendarts ; les Athéniens un hibou ou un bœuf ; les Macédoniens la maſſue d'Hercule ; & les aigles paroiſſoient toujours à la tête des légions romaines.

Ces marques diſtinctives de chaque nation firent naître à leurs chefs en particulier l'idée d'en adopter qui leur fuſſent perſonnelles. La deſcription que Virgile nous a laiſſée du bouclier d'Enée eſt une preuve non ſuſpecte qu'ils ornoient cette partie eſſentielle de leur armure.

Des chefs, le goût des armoiries paſſa juſqu'aux ſimples ſoldats ; chacun grava ſur ſon armure les hauts faits dont il pouvoit ſe glorifier ; & cette prérogative honorable pour les anciens guerriers fut un aiguillon pour ceux qui ſe conſacrerent au ſervice militaire.

Virgile, en parlant des armes d'un jeune ſoldat, nous les peint ſans emblêmes, & ſous couleurs PARMA QUE INGLO-RIUS ALBA.

Les anciens Gaulois, habitans des forêts, & couverts d'un ſimple bouclier d'oſier, étoient loin, ſans doute, de pouvoir graver leurs victoires ſur leurs armes : auſſi l'uſage des armoiries ne s'introduiſit-il en France que dans le douzieme ſiecle, & ſous le regne de Louis le jeune. Ce fut lui, ſi l'on en croit l'Auteur du blaſon de France, qui, le premier, fit ſemer de fleurs-de-lys tous les ornemens qui ſervirent au ſacre de Philippe-Auguſte, ſon fils, & qui jetta les fondemens de l'art héraldique.

Chez les Peuples qui nous ont précédés, l'homme illuſtré par quelques hauts faits, pouvoit ſeul en porter des marques qui les rappellaſſent ſans ceſſe au ſouvenir de ſes concitoyens ; il ne tranſmettroit point ces ſignes honorables à ſa poſtérité ; la naiſſance & les dignités n'y donnoient aucun droit ; elles étoient la récompenſe de la ſeule vertu militaire.

Chez nous, au contraire, la Nobleſſe s'eſt attribué le droit excluſif de porter des armoiries. Les écus ſont devenus héréditaires, & ont bien moins été la preuve des actions héroïques, qu'un ſimple ſigne deſtiné à rallier tous les individus de la famille qui les avoit originairement adoptés.

Le goût des joutes & des tournois s'étant introduit en France, la Nobleſſe ne ſe diſtingua plus que par les armes. Les Chevaliers les faiſoient peindre ou graver ſur leurs armes pour fe faire connoître dans les lices & les pas d'armes des tournois, où ils combattoient la tête couverte de leur cafque. C'eft de là, nous dit Tiraqueau dans fon Traité fur la No-bleffe, *que les fignes de chaque famille ont été appellés armes.*

La Nobleffe porta bientôt dans les combats le goût qu'elle avoit pris pour ces fortes de gravures. Tous les anciens fceaux repréfentent les Chevaliers armés de pied en cap, portant leurs armes, non-feulement fur leur bouclier, mais encore fur toutes les pieces de leur armure, & fur les harnois de leurs chevaux.

Bientôt on ne fe crut noblement vêtu que quand on fe fut chamaré de fes armes. On s'avifa, dit le Dictionnaire de Tré-voux, fous Charles V, *qui monta fur le trône en 1354, d'armoi-rier les habits,* c'eft-à-dire, *de les chamarrer, depuis le haut jufqu'en bas, de toutes les pieces de fon écu, & cette mafcarade dura plus de cent ans.*

Tous les monumens, tous les maufolées, nous repréfentent les Gentilshommes de ce tems dans ce coftume bizarre : on en trouve plufieurs aux Céleftins, & il eft peu de perfonnes qui ne connoiffent celui de Juvenel des Urfins, encore exif-tant dans l'une des Chapelles de Notre-Dame. Un tableau qui repréfente fes funérailles, prouve que tous ceux qui étoient de fa famille, portoient le même habit & les mêmes armes fur tous leurs vêtemens.

Cette fureur des armoiries, nous dit l'Auteur du blafon de France, dura tant que durerent les tournois ; elle ne ceffa qu'en 1559, époque de la mort de Henry II, qui périt, comme l'on fait, d'un éclat de lance dont il fut bleffé à l'œil, en joutant avec Montgommery dans un tournois.

L'importance que l'on attachoit aux armoiries annonce affez avec quel foin on les confervoit. André Favier, dans fon Livre intitulé, *Théatre de l'honneur,* nous apprend *que le droit de porter les armes n'appartenoit qu'aux Nobles d'extraction, & que les Bourgeois ou Villains qui prenoient de telles armes, étoient punis de groffes amendes.*

C'étoit aux Héros d'Armes que le foin de rechercher les ufurpateurs d'armoiries étoit fpécialement confié : » ils étoient, » felon le Dictionnaire de Trévoux, fur-intendans des armes,

» confervateurs

» confervateurs des honneurs de la guerre ; ils recevoient &
» vérifioient les preuves des noms & armes des Chevaliers.
» Ils avoient droit de corriger tous les abus & ufurpations des
» couronnes, cafques, timbres & fupports; ils connoiffoient
» des différends entre Nobles pour l'antiquité & prééminence
» de leur race, & la Cour les mandoit quelquefois pour avoir
» leur avis fur des différends de cette efpece, dont elle s'étoit
» réfervée la connoiffance. »

Les armes étoient alors dans une telle vénération , que,
quand le dernier mâle de la famille venoit à mourir , les
Héros d'Armes dépofoient fes écuffons dans fon tombeau :
c'eft ce que nous apprend le Commentateur de l'Edit de 1616,
art. 2 , n. 30 & 32. (1)

Qu'étoient donc les armoiries lorfqu'on les portoit ainfi
brodées ou peintes fur fes vêtemens ? Elles étoient bien conf-
tamment un figne auquel on reconnoiffoit , non - feulement
tel individu , mais encore que tel individu étoit d'une telle
famille. Le nom eût été d'un bien foible fecours pour défigner
des hommes dont le corps entier étoit couvert de fer , & à
qui un cafque énorme prefque hermétiquement fermé, laiffoit
à peine la faculté de refpirer. Les armes qu'ils portoient deve-
noient donc néceffairement, pour eux, auffi précieufes que les
noms le font aujourd'hui pour nous , puifqu'ils produifoient
le même effet, & qu'on y attachoit la même confidération.
C'eft ce qui a fait dire à la Roque , en fon Traité de la Nobleffe , *que les armes font des noms muets & les noms des
armes parlantes , à caufe du grand rapport qui eft entr'eux.*

Les aînés avoient feuls le droit de prendre les armes de
leurs peres , & le Préfident Fauchet obferve que cette mé-
thode étant changée, *& les puînés ayant retenu les armes de
leurs peres avec brifures , on commença à reconnoître qu'ils étoient
defcendus de tel ou tel lieu , par la marque , écu ou blafon qu'ils
portoient.*

La fimilitude des armes ne pouvoit pas être, comme au-

(1) *Hinc recte inftitutum eft ut ultimo familiæ extincto : ipfa infignia cum ipfo Cada-
vere in humarentur quafi ad inferos Dominum concomitatura in quo ftemna feu genus
avitum nullis heredibus mafculis poft fe relictis.*

jourd'hui , l'effet du pur hafard ; elle indiquoit néceffairement la parenté , fur-tout entre perfonnes du même canton , foumife à l'infpection du même Heros d'Armes , & celui qui les portoit ne pouvoit les avoir ufurpées , puifque le Roi avoit établi les Héros d'Armes *Surintendants des armoiries , Vérificateurs des armes.* Il leur avoit même attribué le droit de les ôter à ceux qui s'en feroient emparés fans en avoir le droit.

Ces principes généraux font extraits de nos meilleurs Hiftoriens, des Auteurs les plus profonds dans la fcience héraldique , & ne fauroient éprouver une contradiction raifonnable de la part du Marquis de Créquy. Mais avant d'en faire l'application à notre caufe , il eft effentiel de connoître jufqu'à quelle époque remontent les preuves que le Comte de Créquy rapporte de la poffeffion de fes armes.

§. I I.

Dans le dépôt des chartres du Comté d'Artois , fe trouvent plufieurs quittances données depuis 1377 jufqu'en 1392 , par Taffard le Jeune , alors Procureur-Général du Comté d'Artois. Ces quittances font fcellées d'un fceau qui repréfente un créquier à fept branches , & dont la premiere branche , à gauche , fe trouve chargée d'un petit écuffon à deux faces.

Le Marquis de Créquy a tout mis en ufage pour ravaler les fonctions de ce Procureur-Général , & empêcher qu'on n'en prît l'idée que préfente naturellement la place qu'il occupoit.

Si on l'en croit , ce titre de Procureur-Général étoit pris indiftinctement par tous les Procureurs fifcaux ; les Procureurs *ad lites* du Parlement de Paris , fe l'arrogeoient ; puis , prenant occafion de-là pour rappeller la qualité de Marchand de vin , qu'il avoit attribuée à Jean le Jeune , à qui Louis XI a accordé les Lettres-Patentes que nous avons déja tant de fois citées. *Si j'ouvre la porte ,* dit-il dans un de fes Mémoires , *à un Marchand de vin , pourquoi la fermerai-je à un Procureur fifcal ?*

Celui que le Marquis de Créquy appelle un Marchand de

vin , étoit , au rapport des témoins entendus dans les deux enquêtes , *issu de noble lignée ; son pere , ses freres menoient chiens & oiseaux.* Le Prince les appelloit *pour le servir en ses guerres & armées.* Il étoit si *notoire que sa famille vivoit noble- ment , qu'il n'étoit mémoire du contraire.*

Celui que le Marquis de Créquy appelle un Marchand de vin , étoit qualifié d'Ecuyer par Louis XI, dans les Armées duquel il avoit servi en la Compagnie de M. de Beaujeu pendant quinze ans; son frere, ses neveux, le bâtard même de son frere servoient leur Prince en qualité de Gentilshommes, à leurs frais & dépens.

Celui que le Marquis de Créquy appelle un Procureur Fiscal, avoit en 1384 120 liv. de gages du Duc de Bourgogne, ainsi qu'il est prouvé par une quittance signée de lui & scellée de son sceau; cette somme étoit considérable alors & répondoit à 1600 liv. de notre monnoie.

Celui que le Marquis de Créquy appelle un Procureur Fiscal, avoit le pas sur le Grand-Bailli de Gand, ainsi que nous l'apprend l'Auteur des recherches sur les antiquités de Flandres.

Enfin celui que le Marquis de Créquy appelle un Procureur Fiscal, a eu pour successeur presqu'immédiat , Jean de la Vaquerie, qui devint premier Président du Parlement de Paris sous Louis XI.

Mais c'est trop nous arrêter à de simples inductions; il est temps de faire usage des provisions même que Tassard le jeune, Procureur Général du Duc de Bourgogne, reçut du Comte de Flandres après que ce Prince eut époulé l'héritiere de Bourgogne.

Le Prince l'établit son Procureur Général par-tout son Comté d'Artois. Il lui assure six vingt livres Parisis de gages , avec robe de ses Ecuyers, cotte hardie & mantel avec les pennes. Il lui donne pouvoir, mandement général , & autorité de faire, & exercer par- tout le Comté d'Artois & ressort d'icelui, Office de Procureur Général, de voir, sçavoir, s'enquérir par information publique & secrette par toutes les meilleures voies & maniere qu'il pourra sur tous les Etats & Gouvernemens de ses sujets, Baillis, Prévôts, Receveurs, Sergens & autres quelconques, telles que bon lui sem-

blera, & *defdites informations & autres chofes que befoin fera*, *dire & rapporter à lui Duc & à fon Confeil.*

Ces provifions font terminées par ces termes : *Si donnons en mandement par la teneur de ces préfentes à tous nos Jufticiers, Officiers & fujets par-tout notre Comté & reffort d'icelui, qu'à notredit Procureur Général, ils obéiffent & entendent diligemment & lui baillent, prêtent & donnent confort & aide fi befoin eft.*

Reconnoît-on à ce ftyle les provifions d'un Procureur Fifcal, ou celles d'un Procureur *ad lites*? En croira-t-on maintenant ces pamphlets fatyriques où le Marquis de Créquy s'égayant aux dépens de la verité, traveftiffoit en Officier de Juftice de Village, celui que le Duc de Bourgogne faifoit dépofitaire de la portion la plus facrée de fon autorité, l'accolloit avec un Marchand de vin, &, par ce tableau burlefque, les rendoit la fable de la Ville & de la Cour. Le Comte de Créquy négligera l'avantage qu'il pourroit avoir en cet inftant fur un Adverfaire qui l'a peu ménagé. Il fe contentera de faire obferver à fes Juges & au Public, que le Marquis de Créquy ofe faire imprimer, page 59 de fon dernier Mémoire ces mêmes faits démentis par la communication qu'on lui a donnée des provifions du Procureur Général du Comté d'Artois, & la lecture qui en a été faite à l'Audience. Combien ne doit-on pas être en garde contre les faits qu'il allegue? Quiconque refufe de fe rendre à l'évidence, & fe permet d'équivoquer fur des points auffi faciles à vérifier, mérite-t-il d'en être cru quand il nie ceux dont la preuve fe perd dans les fiecles les plus reculés?

Qu'apperçoit-on dans les fonctions du Procureur Général du Comté d'Artois, qui foit inconciliable avec l'origine qu'on lui en donnoit en 1478? Sa qualité d'homme de robe blefferoit-elle le Marquis de Créquy? Mais s'il veut ouvrir l'Hiftoire des grands Officiers de la Couronne, il trouvera à cette même époque un Coetlogon, Procureur Général du Duc de Bretagne. Il ne conteftera certainement pas à cette Maifon une nobleffe de nom & d'armes, & fans chercher des exemples étrangers à la fienne, un Arnould de Créquy étoit Bailli de Saint-Omer en 1360, dans le reffort même du Comté d'Artois, & peu de temps avant que Taffard le jeune en fût nommé Procureur Général.

Le Marquis de Créquy a cherché jufques dans l'alliance qu'avoit contractée le Procureur Général, le moyen de diminuer l'opinion que fa place devoit faire prendre de fon origine. Il a fait plaider, & qui plus eft imprimer, page 60 de fon dernier Mémoire, que Jacotte Rumet, femme de Taffard le jeune, *étoit fille de Colard Rumet, Receveur de la Baillie d'Hedin, à qui on ne donne d'autre qualité que celle d'honnête-homme & fage qui décéle la roture.*

Cependant le Comte de Créquy a fait ufage à l'Audience de la généalogie des Rumet, imprimée dans l'Hiftoire chronologique des Comtes de Ponthieu & des Mayeurs d'Abbeville. Il y eft dit que *Colart Rumet étoit iffu de Guyot, lequel étoit Garde du Bailliage de l'ancien Comté d'Hefdin, & avoit époufé demoifelle Taffine de Dours; l'Auteur ajoute que de lui nâquit un autre Colart Rumet, qui époufa DAMOISELLE N. DE CRÉQUY, (1) & qu'il fut Exécuteur-Teftamentaire d'Enguerand d'Heudin, proche parent de Meffire Emond de Ponthieu, dit Abbeville, defcendu des anciens Comtes de Ponthieu.*

Le Comte de Créquy en a conclu que fi les Créquy donnoient leur fille au fils de Colart Rumet, un Créquy pouvoit fans fe méfailier époufer la fille de ce même Colart Rumet. Là réponfe étoit affez fatisfaifante pour efpérer qu'on ne verroit pas reparoître l'objection; elle n'auroit pas reparu en effet, fi le Marquis de Créquy ne fçavoit que l'on gagne toujours à jetter des ridicules fur fes Adverfaires, & fi fon opulence ne le mettoit à portée de donner à des imputations dont la fauffeté eft démontrée, une publicité que la juftification du Comte de Créquy aura peine à acquérir.

Mais c'eft trop nous appéfantir fur une differtation purement épifodique; il eft temps de prouver que le Comte de Créquy a une origine commune avec Taffart le Jeune, Procureur Général.

─────────────────────────────

(1) Le Marquis de Créquy a fait plaider à cette occafion que cette damoif.lle de Créquy n'étoit pas de fa Maifon. Que faudra-t-il donc prouver pour en être ?

Une foule de circonſtances ſe réuniſſent pour établir ce point de fait important. Il exiſte d'abord une ſimilitude parfaite entre les noms de baptême & les ſurnoms du Procureur Général, & du pere de Jean le Jeune de qui nous deſcendons inconteſtablement. L'un & l'autre ſe nommoient Taſſart le Jeune.

Il eſt fait mention d'un Taſſart le Jeune, dans un aveu & dénombrement qu'Agnès Séchelles rendoit en 1389 ; elle annonce *qu'un Taſſart le Jeune poſſédoit alors un fief relevant d'elle à plein lige.*

Jean de Magnicourt rendant également un aveu & dénombrement en 1393 , au Comté de Saint-Pol, nomme parmi les différens vaſſaux dont il fait l'énumération à ſon ſuzerain. « Taſſart le Jeune qui poſſédoit alors un fief à ſoixante ſols de
» relief, *compoſé, entre autres objets, d'un manoir contenant deux*
» *meſures & demie de terres ou environ, plus dix-huit meſures de*
» *terres ou environ, ſituées au Val-Jehan, &c.* »

Et le même fief compoſé des *mêmes dix-huit meſures de terres ſituées au Val-Jehan, eſt reporté en 1433* par Taſſart le Jeune d'Ambricourt, dixieme aïeul connu du Comte de Créquy, à Jean de Verchin, Seigneur de Verchin.

Le Taſſart le Jeune, dénommé dans l'aveu de 1393 , eſt certainement le Procureur Général du Comte d'Artois. La date de l'aveu, les deux noms de Taſſart & de le Jeune ne permettent pas d'en douter.

Il eſt certain d'ailleurs que l'individu dénommé dans les aveux de 1389 & 1393 , ne peut être le même que celui qui fournit ſon aveu en 1433. Car un des témoins entendus dans l'enquête de 1485 , & qui parle de Taſſart le Jeune d'Ambricourt, dixieme aïeul du Comte de Créquy, obſerve qu'il lui avoit entendu dire à lui-même qu'il s'étoit trouvé à la bataille d'Azincourt. Ce témoin n'avoit en 1485 , que 36 ans, ſon âge eſt indiqué en tête de ſa dépoſition. Ce ſera lui ſuppoſer une mémoire bien fidele , que d'admettre qu'il ait eu cette converſation à l'âge de 10 ans, avec Taſſart le Jeune d'Ambricourt. C'étoit donc au plutôt en 1460 qu'il avoit vu Taſſart le Jeune d'Ambricourt. Or comment ſuppoſer qu'un homme qui étoit ſûrement majeur en 1389, puiſqu'il avoit porté la foi à **Agnès Sechelles**, à raison de son fief qui relevoit d'elle, ait, soixante-onze ans après, rendu compte de ses faits militaires, au témoin qui les a cités comme les tenant de lui-même ?

Mais nous avons une preuve légale de l'existence de deux individus du nom de Taffard le Jeune.

En effet, **Agnès Sechelles** & **Jean de Magnicourt** rendant leur aveu & dénombrement au Comté de Saint Pol, reportoient en arriere-fief celui d'un Taffard le Jeune. Ils avoient donc été servis l'un & l'autre de ce même fief par Taffard le Jeune, autrement ils ne l'auroient pas indiqué comme leur vaffal. Taffard le Jeune leur avoit néceffairement auffi rendu son aveu & dénombrement. Or, nous reprefentons un autre aveu & dénombrement de ce même fief, rendu quarante-trois ans après par un Taffard. Ce dernier eft donc différent du premier, puifqu'il eft de principe que le même vaffal ne rend pas deux aveux du même fief en fa vie. Le changement de Seigneur ne donne lieu qu'à un nouveau port de foi. Nous avons d'ailleurs fur ce point, l'aveu même du fieur Cherin, qui convient *que Taffard le Jeune, eut pour fucceffeur dans ces fiefs Taffard le Jeune, notre dixieme auteur connu.*

Les rapports parfaits des armes qui ont toujours été dans la branche du Comte de Créquy avec celles qui font repréfentées dans les fceaux de Taffard le Jeune, Procureur Général, forment une derniere preuve qui ne permet plus de douter que le Comte de Créquy n'en defcende en ligne directe, ou ne le touche au moins collatéralement.

On ne remarque pas en effet feulement un créquier dans le fceau du Procureur Général. On y remarque encore un petit écuffon à deux faces, fufpendu à la premiere branche du créquier. Or ce même écuffon fe trouve attaché à la premiere branche du créquier, figurée fur le maufolée de Jean le Jeune, connu fous le nom du Capitaine Bonnevau, décédé Chevalier de l'ordre du Roi, Gouverneur des Ponts de Cé, & enterré à Saumur.

On remarque le même petit écuffon dans les fceaux dont les aïeux du Comte de Créquy fe fervoient pour clorre leurs lettres.

Il eſt figuré dans l'Ordonnance en parchemin, rendue en faveur de l'aïeul du Comte de Créquy en 1698 par les Commiſſaires du Roi.

Un Jugement émané en 1667, des premiers Commiſſaires que le Roi avoit envoyés en Anjou pour la recherche des Nobles, décrit les armes de le Jeune, comme étant de gueule au créquier d'argent, la premiere feuille chargée d'un écu auſſi d'argent à deux faces de ſable.

L'Armorial général enregiſtré au Parlement en 1696, donne également *pour armes à Gilles le Jeune, Gentilhomme*, de gueule à un créquier d'argent, la premiere branche à droite terminée en un écuſſon d'argent chargé de deux faces de ſable.

Si ces preuves n'étoient pas ſuffiſantes, nous citerions l'Armorial univerſel imprimé à Paris en 1662. Il nous préſente les armes de la fille du Capitaine Bonnevau, qui avoit épouſé le Comte de Brennes, telles que nous venons de les décrire, & il y a même cette circonſtance particuliere à remarquer, qu'il les qualifie d'armes de Créquy. « Brennes, y eſt-il dit, » dans les tables explicatives de ſes planches, porte d'argent » au lion de ſable, ſemées de fleurs de lys recroiſettées de » même, *parti de Créquy.* »

Ainſi une ſérie non interrompue de titres, d'aĉtes & d'autorités non ſuſpeĉts, établiſſent, en faveur du Comte de Créquy, une poſſeſſion conſtante de porter pour armes un Créquier chargé ſur la premiere branche d'un écu à deux faces, les mêmes noms, les mêmes biens, les mêmes armes l'uniſſent inconteſtablement au Procureur Général du Comté d'Artois, qui exerçoit cette place honorable dès 1377. Il y a donc plus de quatre cens cinquante ans que la branche du Comte de Créquy porte les armes qu'elle avoit encore lorſque le Chef de la Maiſon de Créquy lui a permis d'en reprendre les armes pleines.

Nous aurions pu nous borner à citer ce que le ſieur Cherin en a dit lui-même. « *Ces armes étoient dans la Maiſon du Comte* » *de Créquy quatre-vingt-quatorze ans avant la premiere des deux* » *enquêtes. Ce fait eſt prouvé par le ſceau de Taſſard le Jeune,* » *Procureur*

» *Procureur Général du Comté d'Artois , qu'on ne peut mécon-*
» *noître pour son parent.* »

§. I I I.

Les armes portées par la branche des le Jeune , font femblables à celles de la Maison de Créquy.

Que nous refte-t-il donc maintenant à établir ? Un feul point. C'eft que les armes portées par les le Jeune depuis quatre cent cinquante ans , font celles de la Maifon de Créquy.

Armes de la Maifon DE CRÉQUY.	Armes de WAUTIER LE JEUNE , telles qu'il les portoit en 1326,	Armes de la branche des LE JEUNE , telles qu'elle les porte depuis 450 ans, & que les portoit Taflard le Jeune , Procureur Gé-néral du Comté d'Ar-tois , en 1377.

Le Marquis de Créquy ne peut difconvenir que les armes des le Jeune repréfentent un créquier. Le créquier , fuivant le Pere de Varennes , en fon livre intitulé le Roi d'Armes , *eft un arbriffeau qui croît le long d'une petite riviere qui arrofe les prés de Créquy.* C'eft le figne caractériftique de la Maifon de Créquy. Charles Segoing , Auteur du Tréfor Héraldique , nous en donne la même définition : *le Créquier eft un arbre d'une figure extraordinaire , qui fe voit particuliérement aux armes de la Maifon de Créquy.*

I

Le Dictionnaire de Trévoux prétend qu'*un créquier eſt un prunier ſauvage ou ceriſier, croiſſant dans les haies en Picardie : prunus vel ceraſus ſilveſtris. Il eſt devenu terme de blaſon, à cauſe que la Maiſon de Créquy porte dans ſes armes un crequier de gueule au champ d'or.*

Les Auteurs héraldiques rengent ces armes au nombre des armes parlantes, c'eſt-à-dire de celles qui par leur nom annoncent celui de la perſonne ou de la famille qui les a choiſies, & l'on connoît encore le vieux dicton picard.

> *Mailly, Dailly, Créquy,*
> *Tel nom, telles armes, tel cri.*

Ces armes jugées parlantes pour la Maiſon de Créquy, ſeroient-elles muettes pour le Comte de Créquy ? Par quelle fatalité ſe verroit-il privé d'un avantage qui naît de la nature même de la choſe, & ne profiteroit-il pas des marques diſtinctives que le tems lui a conſervées comme une preuve inaltérable de ſon origine ?

Ces armes, portées par la branche des le Jeune, différent, dit-on, en deux points eſſentiels de celles de la Maiſon de Créquy. Créquy porte d'or au créquier de gueule, & les le Jeune n'ont jamais porté que de gueule au créquier d'argent. Le crequier qui diſtingue la Maiſon de Créquy eſt pur & ſans charge d'aucune piece ; celui de la branche des le Jeune porte un petit écuſſon à deux faces ſur la premiere feuille. Ainſi nulle reſſemblance entre ces armoiries, & par conſéquent nul avantage à en tirer.

Ecartons d'abord cette prétendue différences, que l'on veut faire réſulter du petit écuſſon qui paroît à la premiere branche du créquier porté par les le Jeune ; elle n'a jamais été conſidérée par les Généalogiſtes que comme la marque d'une alliance honorable que la branche des le Jeune a faite anciennement. On trouve dans les généalogies connues du Marquis de Créquy, pluſieurs alliances faites avec des Familles qui portoient un écu à deux faces ; ſoit donc que cette branche ait adopté ce petit écuſſon à l'inſtant où elle s'eſt détachée du tronc commun, ſoit que l'adoption qu'elle en a faite ait été occafionnée par une alliance particuliere , elle eft abfolument étrangere à fes armoiries.

Le blafon nous fournit plufieurs exemples de pareils écuf-fons placés dans le canton de l'écu des plus illuftres Maifons. Celle de Gand, dont les armes font de fable au chef d'argent, porterent dans le canton de leur écu un petit écuffon d'argent au fautoir de gueule chargé d'une face d'azur, depuis que Jean Villan, ou de Gand eut époufé Marie de Malftede, fa parente au troifieme degré. André Duchefne, qui a compofé l'hiftoire de la Maifon de Gand, *prétend que ces écuffons placés dans un canton de l'écu font autant de marques indubitables d'une alliance.*

C'eft d'ailleurs une regle certaine dans le blafon , & dont le fieur Chérin eft expreffément convenu. *Les armes dont le Comte de Créquy eft en poffeffion font femblables , a-t-il dit , à l'exception du petit écuffon (qui paroît être celui d'une alliance) aux armes de la Maifon de Créquy.*

N'infiftons donc pas davantage fur une difficulté auffi légere qui n'auroit jamais dû être propofée. Voyons fi la différence qui fe trouve dans lès couleurs des émaux mérite une réfutation plus férieufe.

Les aînés , dans l'origine des armoiries , avoient feuls droit de porter les armes de la Maifon ; les cadets prenoient ordinairement celles des femmes qu'ils époufoient, ou des terres qui leur étoient échues en partage. La Maifon de France en offre plufieurs exemples. Il en étoit de même du nom que l'aîné retenoit feul ; les cadets n'étoient connus que par les noms de baptême qui leur avoient été donnés.

Il étoit difficile alors de conferver des relations bien fuivies entre les différentes branches d'une même famille. Les fciences étoient négligées à un tel point que la nobleffe fe faifoit honneur de ne pas même fçavoir lire. Ainfi , point de regiftres pour infcrire la naiffance ou la mort des différens individus d'une même famille , nulle marque extérieure , foit par les armes, foit par le nom , pour indiquer la defcendance d'une même origine. La connoiffance de la parenté ne pouvoit donc fe conferver que par la tradition , & cette tradition affoiblie, à chaque génération, finiſſoit par s'évanouir totalement.

On reconnut l'abus de l'abandon total que les puînés faiſoient des armes de leur Maiſon. L'uſage s'introduiſit de les briſer pour les puînés, laiſſant à l'aîné ſeul l'honneur de porter les armes pleines de leur Maiſon.

Ces briſures furent de différentes eſpeces, la bordure engrelée, le bâton rompu, le lambel, étoient les manieres les plus ordinaires de briſer les armes; mais quelquefois auſſi on ſe contentoit de changer les émaux ou les couleurs, & ce changement fut admis au nombre des briſures des cadets. Nous pouvons raſſembler ſur ce point autant d'opinions qu'il y a d'Auteurs héraldiques.

Philippe Jacques Spéner, qui a fait un traité particulier ſur les armoiries, obſerve que l'uſage de preſque toutes les nations étant d'accorder des prérogatives aux aînés, on a placé au nombre de ces prérogatives le droit de porter les armes pleines de leur Maiſon (1), en obligeant les cadets de mettre des briſures dans leurs armes.

Il explique enſuite quelles ſont les différentes manieres de briſer les armoiries, & la premiere qu'il indique eſt celle de changer les couleurs en retenant les figures (2).

Il obſerve qu'elle étoit preſque la ſeule uſitée en Flandres (3).

« On ne s'eſt pas toujours ſervi, dit Palliot, de ces di-
» verſités de pieces pour briſures ; car pluſieurs ſe ſont contentés
» ſeulement de changer les métaux ou couleurs de leurs armes
» pour diſtinguer les aînés des puînés, & les puînés des
» cadets. Il cite un exemple tiré de la Maiſon de Linden, dont
» Chriſtophe de Butkens eſt auteur ».

Arnould, Comte d'Aerſchof, eut cinq enfans, qui tous changerent le métail & la couleur de leurs armes, à la ré-

---

(1) *Uti apud gentes pleraſque primogenitorum variæ fuere prerogativæ, ita in materia ſcutaria hancquoque eorum non nulli eſſe voluere ut ſolis illis jus eſſet portandi arma plena aut plana, his opponuntur.* ARMES BRISÉES.

(2) *Modus nonunus eſt diſtinguendi, emunerabimus quatuor præcipuè, primus ille eſt cùm ſervatis figuris colores ſolnm variantur vel intervetuntur.*

(3) *Hic olim admodum familiaris ſuit imprimis Belgis ita ut vix alius fuerit notus.*

ferve de l'aîné, qui, fuccédant au Comte d'Aerfchof, conferva les armes pleines de la Maifon, qui étoient d'or à trois
fleurs-de-lys de fable ; le fecond, prit de gueules à trois fleurs-
de-lys d'argent ; le troifieme, d'argent à trois fleurs-de-lys de
gueules ; le quatrieme, d'argent à trois fleurs-de-lys de fable,
& le dernier, de gueules à trois fleurs-de-lys d'or.

Mais fans aller chercher des exemples étrangers à la
France, la Maifon de Mailly nous en fournit un frappant,
que l'on trouve rapporté par Adrien de la Morliere. Gilles
de Mailly avoit quatre fils, il poffédoit quatre terres, il les
diftribua entre fes quatre enfans, & ordonna, par fon teftament, qu'ils ne chargeroient leurs armes d'aucune brifure,
mais que pour les diftinguer *ils changeroient les maillets de couleur fur un même champ*. L'aîné porta d'or aux trois maillets
de finople ; le puîné, d'or aux maillets de gueule ; le troifieme
fils, d'or aux maillets d'azur ; le quattieme, d'or aux maillets
de fable.

En Bretagne, les Molac, branche de la Maifon de Rohan,
furent contraints de porter les macles d'argent, au lieu des
macles d'or, que porte la branche aînée. Les Clermont, en
Dauphiné, obligerent leurs cadets, établis en Savoye, de
changer le métal & les couleurs des armes de leur Maifon,
& de porter de fable à deux clefs d'or.

Les armes des différentes branches de la Maifon de Créquy,
rappellées dans l'hiftoire des grands Officiers de la Couronne,
prouvent inconteftablement que le changement des émaux
ne forme qu'une brifure de cadets, & n'altere point le fond
des armes. La branche des Rebertingues porte d'argent au
créquier de finople, à la bordure engrelée de gueule :
celle de Créquy-Royon porte d'argent au créquier de fable.
Enfin, Enguerand de Créquy, dit le Begue, qui mourut en
1398, portoit d'or au créquier de fable.

Qu'eft-il befoin d'en dire davantage fur un point d'ailleurs
avoué par tous les Auteurs héraldiques. Le fieur Cherin lui-
même donne pour certain *que le changement de couleurs dans
les armes étoit fréquent en 1478, & avoit été introduit pour
diftinguer les puînés des aînés.*

Concluons donc encore que le petit écuſſon, attaché à la premiere branche du créquier, porté par les le Jeune, & la couleur de leur écu, n'empêchent pas que leurs armes ne ſoient celles de la Maiſon de Créquy.

Ce n'eſt pas avoir aſſez prouvé, ſi l'on en croit le Marquis de Créquy, on peut avoir des armes abſolument pareilles ſans être de la même famille; & pluſieurs Maiſons, qui n'ont jamais prétendu tenir à celle de Créquy, ont porté le créquier dans leurs armes.

Les abus qui regnent aujourd'hui dans les armoiries ont pu donner lieu à la confuſion des armes, & laiſſer prendre les mêmes à pluſieurs familles; mais ces abus n'ont commencé à s'introduire que depuis deux cens ans; c'eſt-à-dire, depuis que la nobleſſe, confondue dans les aſſemblées publiques avec les autres états, n'a plus eu d'occaſion de ſe montrer dans les joûtes & dans les tournois; mais en étoit-il de même lorſque l'écu étoit la marque diſtinctive des familles? que les Chevaliers ſe préſentoient avec elles à la porte des lices où ils vouloient entrer? qu'ils étoient diſtingués, au milieu des combattans, par leurs couleurs? & que la moindre entrepriſe étoit réformée par le Héraut d'armes, qui avoit une juriſdiction pleine & entiere ſur toutes les armoiries des nobles? Or, c'eſt dans ce tems que Taſſard le Jeune, Procureur Général du Comté d'Artois, les portoit; c'eſt dans ce tems que Taſſart le Jeune d'Ambricourt, dixieme aïeul connu du Comte de Créquy, les portoit à Ambricourt, ſous les yeux de tous les Gentilshommes du pays, ſous ceux des Créquy même, puiſque ſes poſſeſſions n'étoient qu'à deux lieux de Créquy, & qu'il étoit Seigneur d'Ambricourt, terre qui, peu de tems avant, appartenoit à un Créquy; c'eſt dans ce tems que ce même Taſſart le Jeune les portoit ſur ſon armure à la bataille d'Azincourt, où il s'eſt trouvé; c'eſt dans ce tems qu'il les portoit journellement, ainſi que Catherine Potelle ſa femme, ſur ſes habits, puiſqu'alors tout Gentilhomme portoit ſes couleurs, & les faiſoit porter à ſa femme. Les Créquy n'ont donc pu ignorer qu'il avoit leurs armes; le Procureur Général d'Artois occupoit une place qui l'expoſoit trop aux yeux du public &

des premieres Maiſons d'Artois , pour croire que les Créquy n'aient pas connu le ſceau dont il ſe ſervoit dans tous
les actes où il paroiſſoit. Aucun d'eux l'a-t-il troublé dans ſa
poſſeſſion ? le Héraut d'armes les lui a-t-il conteſtées ? n'en a-
t-il pas joui, lui & toute ſa deſcendance, publiquement &
ſans acun trouble ? Il étoit donc connu alors pour être de
la Maiſon de Créquy , puiſque dans ces tems reculés les armoiries tenoient lieu de nom , ſur-tout quand elles étoient
parlantes. Ne raiſonnons pas d'après ce qui ſe paſſe aujour-
d'hui, mais reportons-nous aux uſages anciens ; car tout ce
qui ſert à conſtater l'état des ancêtres des Comtes de Créquy
établit néceſſairement le ſien.

Examinons au ſurplus s'il eſt vrai que le créquier ait été
porté par des familles étrangeres à la Maiſon de Créquy.

Palliot eſt, de tous les Auteurs héraldiques, le ſeul qui ait
raſſemblé les noms des familles qui portoient le créquier. Il
n'en cite que cinq, & ne blaſonne les armories que de quatre.
Des cinq qu'il nomme, deux ſont étrangeres à la France.
Betzwouik, qui, ſelon cet Auteur, porte de gueule au créquier ſur le tout, eſt une famille de Minie ; les Hifflingueres
habitent la Suiſſe , & le créquier que l'on voit dans leurs armes eſt différent de celui des Créquy , puiſqu'il n'a que cinq
branches.

Voilà donc déjà le grand nombre de familles qui portoient
le Créquier réduit à trois, dont il faut d'abord retrancher la
maiſon de Créquy qui en fait partie. Reſte à deux , qui ſont
les Rebertingues & les Drancourt. Quant aux Rebretingues,
le Marquis de Créquy convient lui-même qu'ils étoient originaires de la maiſon de Créquy. Ils portoient d'argent au
Créquier de Sinople à la bordure engrélés de gueule ; leurs
armes avoient éprouvé plus de changemens que celles des le
Jeune , puiſque les le Jeune ont ſeulement changé les couleurs, prenant de gueule au créquier d'argent, aulieu d'or au
crequier de gueule, ſans charger leur écu d'aucune piece ;
& les Rebretingues non-ſeulement ont changé de couleurs,
puiſqu'ils portent a'argent au crequier de gueule, mais ils ont
encore inſéré dans leur écu une briſure particuliere qui eſt la

bordure engrêlée de gueule. Si ces deux brifures, fi le changement même de nom n'ont pas fait perdre aux Rebretingues
leur origine de la Maifon de Créquy, pourquoi le Marquis
de Créquy voudroit-il écarter la branche des le Jeune qui a
confervé des rapports plus frappans avec fa maifon dont elle
eft iffue?

Les Drancourt font donc les feuls exemples notoires que
puiffe citer le Marquis de Créquy; mais cette maifon eft
éteinte depuis plus d'un fiecle; & rien ne prouve qu'elle ne
defcendoit pas de la maifon de Créquy, de même que les Rebretingues. Il eft d'autant plus à préfumer qu'elle en étoit
iffue, que Palliot l'a placée immédiatement après les Créquy
& avant les Rebretingues, que l'on avoue être originaires de
cette Maifon.

Quant au quatreveaux dont on-a rapporté le fceau trouvé dans les archives des chartes d'Artois, & qui, dit-on,
repréfente un créquier, portant fur fa premiere branche un
oifeau. Outre qu'il n'exifte plus de Maifon de ce nom, &
qu'il eft impoffible de découvrir aujourd'hui ce qu'il étoit il
y a quatre cens ans, tout annonce qu'il étoit de la plus
haute qualité. Il prend, dans la quittance qu'on rapporte
de lui, la qualité de Chevalier. Il habitoit les environs de
Créquy; & fi nous ne pouvons pas prouver qu'il fût Créquy
il eft impoffible au Marquis de Créquy d'établir qu'il ne l'étoit
pas.

Voilà donc, encore une fois, à quoi fe réduit ce grand
nombre de familles qui partageoient, felon notre Adverfaire,
l'honneur du créquier, fans être de la maifon de Créquy.
Loin que fes recherches à cet égard puiffent faire impreffion
fur l'efprit de la Cour, elles la convaincront de plus en plus
que le créquier eft une arme particuliere à la Maifon de Créquy; & que cette Maifon, jaloufe de fes droits, ne l'eût pas
laiffé porter fous fes yeux à de fimples Gentilhommes qui auroient voulu l'ufurper.

Mais n'attachons-nous pas trop d'importance à ces armoiries; elles font fi communes dans l'Artois, qu'un fimple Charpentier d'Hefdin les portoit. Le Marquis de Créquy a produit
une

une expédition d'une quittance donnée par ce Charpentier, au bas de laquelle est, si on l'en croit, un sceau qui repré-sente un créquier surmonté d'un maillet. On se rappelle avec quelle affectation il portoit par-tout la prétendue copie qu'il en avoit fait faire, Il n'est personne à la Cour qui ne l'ait vue, à qui on ne l'ait montré avec cet air de satisfaction & de con-fiance que donne la découverte d'une piece victorieuse. A entendre le Marquis de Créquy, il avoit trouvé la véritable souche de la branche des le Jeune, puisque ce Charpentier se nommoit Pierre Lijoule.

Occupé alors de poursuivre le Jugement de l'incident, au-quel le désistement du Marquis de Créquy avoit donné lieu, le Comte de Créquy ne put aller en Artois vérifier un acte dont l'expédition étoit produite à la veille de la derniere au-dience. Il lui fallut essuyer tous les sarcasmes auxquels ce pré-tendu sceau donna lieu; & il produisit l'effet que le Marquis de Créquy en avoit attendu.

Le tems qui s'est écoulé entre le Jugement de cet incident & la plaidoirie des Requêtes du Palais, a permis au Comte de Créquy de faire compulser les archives du Comté d'Ar-tois, d'où ce prétendu sceau étoit tiré; il a fait de très longues recherches & n'a pu découvrir d'abord aucune quittance de la date de celle dont l'expédition avoit été délivrée au Mar-quis de Créquy; mais il en a trouvé plusieurs données par le même Charpentier & dans la même année que celle qu'on lui avoit citée. Il a reconnu au premier coup d'œil que les sceaux pendans au bas de ces quittances ne représentoient qu'un maillet de tonnelier dont le manche étoit accolé de deux oiseaux. Surpris avec raison du ton d'assurance avec lequel on avoit annoncé sous le nom du Marquis de Créquy l'existence d'un sceau qui ne se retrouvoit pas, & que vingt autres du même individu démentoient, il a cru devoir faire observer au Mar-quis de Créquy, avec toute la déférence que l'on se doit entre Gentilhommes en matiere aussi grave, que le sceau du Char-pentier d'Hesdin présentoit un maillet & nullement un cré-quier; le Marquis de Créquy s'est enveloppé dans l'expédi-tion qu'il avoit produite, il n'a tenu aucun compte des observations du Comte de Créquy, & perfifte à foutenir que ce fceau repréfente un créquier. Nous avons cru devoir mettre le public à portée d'en juger par lui-même.

Enfin, depuis le Jugement de MM. des Requêtes du Palais, le Comte de Créquy a fait faire de nouvelles recherches, & on eft parvenu à retrouver la quittance même dont le Marquis de Créquy s'étoit fait délivrer une expédition avec le fceau dont il avoit également repréfenté l'effigie. Il s'eft trouvé parfaitement femblable, non pas à celui qu'avoit produit le Marquis de Créquy, mais à vingt autres appofés au bas d'autant de quittances données par le même Charpentier qui repofent dans les archives du Comté de Saint-Pol. Le Comte de Créquy s'en eft fait à fon tour délivrer une expédition ; il a appellé un Graveur qui en a deffiné la figure en préfence du Tréforier des Chartres d'Artois. Ce fceau n'a jamais rien repréfenté qui pût même prêter à l'équivoque. On y diftingue très-clairement un maillet & deux oifeaux. On ne lit dans la légende qui l'entoure que ces mots, *Pierre Semel* ; & l'on n'y voit pas plus de le Jeune que de créquier.

Le Comte de Créquy a interpellé de nouveau fon Adverfaire de faire apporter au Greffe de la Cour la quittance & le fceau original dont il a produit l'expédition. Il a offert de l'y faire apporter à fes frais, fi l'on révoquoit en doute l'exactitude de la fienne ; le Marquis de Créquy n'a accepté aucun de ces deux partis ; & cependant il ofe encore parler de le Jeune, Charpentier, qui avoit un fceau repréfentant un créquier. Il fait imprimer de nouveau ce fait, dont la fauffeté eft notoire ; & le titre de l'écrit où il eft inféré infpire d'autant plus.de confiance au lecteur, qu'il ne peut convenir qu'à un Ouvrage qui a fubi l'épreuve de la plus grande publicité.

De quel nom qualifiera-t-on aujourd'hui fa perfévérance ? Convient-elle à un defcendant des anciens Créquy, de ces preux Chevaliers qui ne vivoient que pour la défenfe de la vérité ? Leurs procédés étoient fimples. La franchife & la loyauté rehauffoient encore l'éclat de leur nom. Loin d'employer des moyens captieux, ils rejettoient tout ce que la délicateffe la plus fcrupuleufe ne pouvoit avouer. Sufceptibles de fe tromper, ils auroient rougi de tirer avantage d'une erreur qu'on leur auroit fait connoître. Mais ne cherchons point ici le Marquis de Créquy, fa paffion l'aveugle ; elle l'emporte loin de lui-même ; ce n'eft plus la vérité qu'il veut découvrir, ce font des gens fans reproche qu'il voudroit pouvoir perdre, & qu'il a juré d'anéantir.

Non, il ne les anéantira pas. Des témoins irréprochables, & qui n'en ont impofé fur aucuns des faits qu'ils ont cités, ont conftaté leur état ; leurs armes, témoins toujours vivans, le revendiquent pour eux. Les différences que le Marquis de Créquy vouloit trouver dans les émaux, & le petit écuffon dont elles font chargées, toutes chimériques qu'elles foient, lui échappent encore. Nous repréfentons aujourd'hui le fceau de Wautier le Jeune fufpendu au bas d'un acte de 1326 paffé devant Baudoin de Lens, Seigneur d'Herin. Ce fceau repréfente un créquier tel que la maifon de Créquy l'a toujours porté, fans différence de couleurs, fans charge d'aucun écuffon. On y remarque feulement une bande de cadet qui explique pourquoi l'individu qui s'en fervoit portoit le nom de le Jeune.

Ses armes, la bande qui les fépare, l'attachent inconteftablement à la maifon de Créquy ; & il appartient effentiellement à notre branche, puifqu'il eft appellé par le Seigneur d'Herin en qualité de Franc-Homme ou poffeffeur d'un Fief relevant d'Herin, *pour attefter avec fes Pairs la vérité des faits énoncés dans un acte public* ; & Jeanne de Tramecourt, en qualité de tutrice du fils de Jacques le Jeune, frere de Taffart, duquel nous defcendons, a rendu en 1474 aveu & dénombrement de ce fief au Seigneur d'Herin. Il exifte donc entre Wautier le Jeune & la branche du Comte de Créquy, identité de furnom, identité d'armes, identité de lieu, identité de poffeffions ; & ces quatre circonftances, fuivant tous les Auteurs Héraldiques & le Marquis de Créquy lui-même, fuffifent pour établir une liaifon parfaite entre des individus qui exiftoient dans des fiecles éloignés.

Mais qu'avions-nous befoin de cette preuve nouvelle, celles que nous avions produites jufqu'à ce jour étoient fi concluantes que le fieur Cherin y a rendu hommage.

Les armes que porte le Comte de Créquy, a-t-il dit, étoient dans fa maifon 94 ans avant la premiere de fes enquêtes.

Elles font femblables à l'exception du petit écuffon qui paroît être celui d'une alliance aux armes de la Maifon de Créquy.

Le changement de couleurs étoit fréquent alors dans les armes. Il avoit été introduit pour diftinguer les puînés des aînés.

Ces armes font parlantes, & font feules préfumer l'origine de celui qui les portoit.

Peut-on, fans tomber dans une contradiction manifefte, fe difpenfer de conclure de ces quatre principes avoués, que la branche dés le Jeune qui porte ces armes depuis 500 ans, eft de la maifon de Créquy.

Preuve tirée de la poffeffion des biens qui ont appartenu à la Maifon de Créquy.

La Terre de Créquy eft fituée dans l'étendue du comté de Saint-Pol dont elle releve. Ambricourt, où demeuroit Taffard le Jeune, dixieme aïeul connu du Comte de Créquy, n'eft éloigné que de deux lieues de Créquy. Il feroit difficile, d'après cette circonftance feule, de croire qu'il ait été inconnu aux Créquy qui habitoient alors leurs Terres, & que les armes qu'il portoit aient échappé à leurs regards.

Nous ne nous bornerons cependant pas à cette préfomption quelque forte qu'elle foit ; nous négligerons même celles qui réfultent de la fituation de différens fiefs relevans de Verchin, d'Encourt & de Rollencourt, qui tous appartenoient à la branche des le Jeune. Ces fiefs étoient enclavés dans les terres de Créquy. Taffard le Jeune, Procureur Général ; après lui, Taffard le Jeune d'Ambricourt, en rendirent hommages én 1393 & 1437. Ils fe trouvent rappellés comme leur appartenans dans les aveux d'Agnès Sechelles, venve de Hue de Châtillon du 18 Juin 1389, & de Jean d'Encourt du 1er Février 1437 : en un mot le fieur Cherin avoue *que les le Jeune ont toujours eu leurs poffeffions au milieu de celles des Créquy.* Mais notre objet en ce moment eft d'érablir des liaifons beaucoup plus étroites entre la Maifon de Créquy & la branche des le Jeune.

Il eft prouvé par la généalogie même du Marquis de Créquy que la Terre d'Ambricourt appartenoit à Anguerand de Créquy, dit le Begue, mort en 1398 fans poftérité. Cette même Terre appartint peu de tems après à Taffard le Jeune d'Ambricourt & à Jacques fon frere. La preuve que nous en rapportons n'eft pas fufpecte ; elle réfulte 1°. d'un aveu & dénombrement exiftant encore dans les archives du Comté de Saint Pol & rendu en 1474 par Jeanne de Tramecourt. Elle s'annonce dans cet aveu comme veuve de Jacques le Jeune, en fon vivant *Ecuyer & Seigneur d'Ambricourt en partie* : ce fait important eft encore établi par un fecond aveu de 1494 rendu au fils même de Jacques le Jeune & de Jeanne de Tramecourt, fes vaffaux l'y qualifient d'Ecuyer, Seigneur d'Ambricourt.

Il eft facile d'expliquer comment Jacques le Jeune n'étoit Seigneur d'Ambricourt qu'en partie. Taffard le Jeune d'Ambricourt, fon frere aîné poffédoit les portions avantageufes de de ce fief que la Coutume réferve à l'aîné. La Coutume d'Artois qui le régit, porte en effet, article 94, « qu'en fucceffion » de pere ou de mere en héritages féodaux, foit patrimoniaux » ou d'acquêts, au fils aîné appartient tous iceux fiefs, à la » charge du quint tant feulement, qui écheoit & fuccede à » tous les puînés par égale portion, fi appréhender le veulent. »

tate-t-il l'exiſtence des freres d'Enguerand de Créquy ? par la généalogie que Pierre d'Hozier a compoſée en 1620, & par ce qu'en dit l'hiſtoire des Grands Officiers de la Couronne ? Nous rapporterons bientôt des preuves non ſuſpectes de l'inexactitude de l'une & de l'autre. On trouve dans les regiſtres du Parlement onze individus différens de la Maiſon de Créquy, dans l'eſpace de moins de cinquante-ſix années, dont il n'eſt fait aucune mention dans la généalogie de 1620, ni dans l'hiſtoire des Grands Officiers de la Couronne, qui l'a copiée en grande partie.

D'ailleurs ſi le Comte de Créquy avoit la preuve que cette terre fût paſſée d'Enguerand de Créquy à Taſſard le Jeune, ſon dixieme auteur, à titre de poſſeſſion, on ſe perſuade que le procès actuel n'eût jamais exiſté ; mais tant que le Marquis de Créquy n'établira pas que le pere de Taſſard & de Jean le Jeune l'a acquiſe, on ſera en droit de préſenter la propriété de cette terre dans la main des le Jeune, immédiatement après la mort d'un Créquy, décédé ſans enfans, comme une circonſtance avantageuſe au Comte de Créquy, ſur-tout ſi l'on conſidere que cette terre eſt ſituée dans une Coutume de néceſſité jurée, où l'on ne peut diſpoſer de ſes immeubles ſans affirmer que l'on n'a pu ſe diſpenſer de les vendre pour ſubvenir à ſes beſoins, à moins qu'on n'ait obtenu le conſentement de ſon héritier.

Quand on iroit même juſqu'à dire que le pere de Taſſard & de Jacques le Jeune avoit acquis cette terre des héritiers d'Enguerand de Créquy, il faudroit encore convenir que les le Jeune ont traité d'une terre avec les Créquy, dans un tems ou, au lieu de ſigner ſon nom, on appoſoit ſon ſceau au bas des actes que l'on paſſoit ; que les Créquy ont vu des armes pareilles aux leurs placées à côté de leur ſceau, & qu'ils ne s'en ſont pas plaint.

Ainſi le défaut de repréſentation du contrat d'acquiſition laiſſe ſubſiſter en faveur de la branche des le Jeune au moins les préſomptions les plus fortes qu'ils n'ont poſſédé cette terre après Enguerand de Créquy, mort ſans enfans, qu'à titre de ſucceſſion

Copie du Tableau généalogique imprimé par M. le Marquis DE CREQUY.

TABLEAU GÉNÉALOGIQUE DES SIEURS LE JOSNE OU LE JEUNE D'AMBRICOURT en Artois, suivant les Sentences de leur maintenue de Noblesse des années 1577, 1589 & 1597,
suivant les mêmes Sentences, les Armes de cette famille font de gueules au Créquier d'argent.

ADAM LE JOSNE, premier auteur connu. Sentence de 1597.

TASSART LE JOSNE. Sentence de 1597.

Branche fondue dans celle de Pierre Dubois, Sentence de 1597.

BAUDOIN

- GABRIEL, épousa Marie Dubois, Sent. de 1597.
  - JEHAN & autres, N. Villain. Sentence de 1597.
- FROILINE, morte à Ambricourt sans postérité. Sent. de 1597.

Branche maintenue dans sa noblesse en 1577.

JEAN I.er, demeure à Eqiale, à une demi-lieue d'Ambricourt.
JEHANNE DE GRIBOVAL. Sent. de 1577, 1589, 1597.

ROBERT, ép. Marguer. le Maire. Sent. de 1577, 1589, 1597.

BESAULT. Sent. de 1577 & 1589.

Branche maintenue dans sa noblesse, en 1589.

- NICOLAS, dit Cupin. Sent. 1577, 1589.
- PHILIPPE. Sent. de 1577 & 1589.
- JEHAN, dit Joannet. Sentence de 1558 & 1589. Jehanne de l'Aître. Sentence de 1589.
  - GUILLAUME, Marie Oment. Sentence de 1589.
    - NICOLAS, fut maintenu dans la noblesse, par Sent. du 28 Octob. 1589; fes armes étoient écartelées au premier & 4 de gueules au Créquier d'argent, qui est de le Josne à la lettre, & au 2 & 4 de sable à 3 molettes d'argent qui est de Griboval. Sent. de 1589 & 1593.
- JEHAN, dit Delpert, Catherine d'Halobrque. Ses enfans de 1577, 1589.
  - CHRISTOPHE, dit Delpert, Antoine Lepert. Sentences de 1577 & 1589.
- GLODION, étudiant en Droit, Sentence de 1589.

- JEHAN II, Jacqueline Mathieu. Sent. de 1577, 1589.
  - JEHAN III, Jehanne Oblet. Sent. de 1577, 1597.
    - JEHAN IV, Jacqueline Pepin va demeurer à Aire. Sentence de 1577.
      - ETIENNE, Mayeur de la ville d'Aire. Sent. de 1577, 1589.
        - JEHAN V. Il fut inquiété dans sa noblesse en 1574, par les Habitans d'Eqiale, & maintenu par Sentence du 23 Fév. 1577, ses armes étoient écartelées au 1 & 3 de gueules au Créquier d'argent, qui est de le Josne ou le Jeune, & au 2 & 4 de sable à 3 molettes d'argent; qui est de Griboval. Sent. 1577, 1589, 1597.
        - LOUIS. Sent. de 1597.

- JEHANNE. Sent. de 1577 & 1577.

- JEHAN, Seigneur de Lacroue, Jehanne de Belaure; il avoit pour armes, ainsi que ses auteurs, au Créquier d'argent sur un champ de gueules, & les fit peindre vers 1510, sur les vitres de l'Eglise du Marroeuy, où elles existoient encore en 1597. Sentence de 1597.
  - JEHAN V, Seigneur de Lacque, demeurant à Marteloy, Immatr. d'après des anciennes Ordonnances de S. M. Impériale. Sentence de 1597.

Branche maintenue dans sa noblesse, en 1597.

JEHAN I. Sentence de 1597.

- JEHAN II, Marg. Wavrans. Sent. de 1597.
  - Philippe, Marie Golle. Sent. 1597.
    - JEHAN III. Sentence 1597.
    - CUVURVE, Propriétaire de quatre d'un Fief, Sent à Libaume. Sentence de 1597.
    - AUTHAR, Seigneur de Dorier, premier lit; Marie Flament, second lit; Marguerite Cassrel. Sentence de 1597.
      - Du second lit. JEHAN II de Verigny, fut inquiété dans sa noblesse en 1586, maintenu par Sentence du 19 Juillet 1597; avoit pour armes, ainsi que ses auteurs, au Créquier d'argent sur un champ de gueules. Sentence de 1597.
      - Premier lit. FRANÇOIS, JEHAN, PHILIPPE. Sent. de 1597.
- PENINE. Sent. de 1597.
- COTTART. Il eut en partage les biens d'Ambricourt. Sent. de 1597.
  - JACQUES I. Propriétaire des biens à Ambricourt, & en partie d'un Fief à Libaume. Sent. 1597.
    - JACQUES II, mort sans postérité. Sent. 1597.
    - CATHERINE, héritière principale de son fief, herité des biens d'Ambricourt & Lincthermaf, mariée à Jean de Crespy, Seigneur de Baildy. Sent. de 1597.

MATHIEU, mort sans postérité. Sent. de 1597.

Branche imprimée & maintenue dans sa noblesse.

HUGUES, il eut pour son etat 35 à 50 mesures de terres à Ambricourt où il demeuroit. Sentences de 1577 & 1597.

JEHAN, ses armes étoient de gueules au Créquier d'argent; il fut inquiété d'une noblesse par les Habitans d'Ambricourt, qui furent déboutés de cette action. Sentences de 1577 & 1597. C'est à son fors que Jean le Josne, de Tours, donna, en 1597, une déclaration de noblesse & de parenté.

- GUILLAUME. Sent. de 1597.
- CATHERINE, mariée à Antoine de Laufore. Sent. de 1597.
- JEHANNE, mariée à Guillaume dit L. Capelle, Gentilhomme Français. Sent. de 1597.
  - DE LA CAPELLE, Lieutenant du Chatelet de Doullens. Sent. de 1597.

Branche établie dans la Touraine & dans l'Anjou.

JEHAN, Valet de chambre de M. de Beaujeu, quitte le Village d'Ambricourt & va s'établir à Tours, où il fut inquiété pour sa noblesse, dans laquelle il se fit maintenir. Il obtint en 1482, de Louis XI des Lettres pour faire le commerce sans déroger. Il donna, en 1497, une déclaration de noblesse & de parenté à Jehan ou Jehannet son cousin, fils de Hugues, demeurant à Ambricourt.

Il est l'auteur des Sieurs le Josne de la Turfaonique, dont la Cour d'Hozier a fait la Généalogie. Les Sent. de 1577, 1589 & 1597, ne parlent pas de cette branche.

Note. En 1695, les Sieurs le Josne de la Turfaonique se font fait descendre d'un Tassart le Josne, qu'ils disoient être le fils de Guillaume le Josne, & petit-fils de Robert le Josne. Ils ont eu une carte Généalogique, par eux dressée, en Jugement de maintenue de noblesse, le 22 Mars 1693.

Lors de la recherche des usurpateurs de noblesse, ils présentent une autre Généalogie, dans laquelle ils commencent Robert le Josne & Guillaume le Josne, marqués pour leur premier auteur Tassart le Josne, & obtinrent sur cette nouvelle Généalogie un Jugement de maintenue de noblesse, le . . . . 1697.

Les Sieurs le Josne de la Turfaonique viennent de faire dresser une troisième Généalogie, par le sieur d'Hozier; on n'y donne à Tassart que deux enfans, ou ils nomment Jehan, comme ils le font descendre, & un fils religieux. Il est cité aucune note de cette Généalogie des autres enfans de Tassart, un nommé Huet le Josne, une fille, une fille, une Jehanne le Josne, fils & petit-fils de Tassart, dont il est au-endant à petit-fils une déclaration de 1497, par laquelle Jehan leur a reconnu pour ses frère & pour ses neveu. Cette déclaration existe cependant encore au moins des Sieurs le Josne de la Turfaonique. Au-surplus suivant la communication à toute Généalogiste l'on peut voir comment ils prennent l'état généalogique de la famille le Josne ou le Jeune pouvoir supplier à cet oubli.

Branche inquiétée & maintenue dans ſa nobleſſe.

HUGUES,
Il eut pour ſon quint 35 à 30 meſures de terres à Ambricourt où il demeuroit.
Sentences de 1577 & 1597.

JEHAN,
Ses armes étoient de gueules au Créquier d'argent ; il fut inquiété dans ſa nobleſſe par les Habitans d'Ambricourt, qui furent déclarés non-recevables.
Sentences de 1577 & 1597. C'eſt à lui que Jean le Jeune, de Tours, donna, en 1496, une déclaration de nobleſſe & de parenté.

GUILLAUME.
Sent. de 1597.

CATHERINE, mariée à Antoine de Lauſart.
Sent. de 1597.

Branche établie dans la Touraine & dans l'Anjou.

JEHAN,
Valet de chambre de M. de Beaujeu, quitte le Village d'Ambricourt & va s'établir à Tours, où il fut inquiété pour ſa nobleſſe, dans laquelle il ſe fit maintenir. Il obtint en 1482, de Louis XI des Lettres pour faire le commerce ſans déroger. Il donna, en 1496, une déclaration de nobleſſe & de parenté à Jéhan ou Jehanet ſon neveu, fils de Hugues, demeurant à Ambricourt.

Il eſt l'auteur des ſieurs le Jeune de la Furjonniere, dont le ſieur d'Hozier a fait la Généalogie. Les Sent. de 1577, 1589 & 1597, ne parlent pas de cette branche.

Nota. En 1635, les ſieurs le Jeune de la Furjonniere ſe font fait deſcendre d'un Taſſart le Joſne, qu'ils diſoient être le fils de Guillaume le Joſne, & petit-fils de Robert le Joſne. Ils obtinrent ſur cette Généalogie, par eux dreſſée, un Jugement de maintenue de nobleſſe, le 22 Mars 1635.

Lors de la recherche des uſurpateurs de nobleſſe, ils dreſſerent une autre Généalogie, dans laquelle ils rettancherent Robert le Joſne & Guillaume le Joſne, prenant pour leur premier auteur Taſſart le Joſne, & obtinrent ſur cette ſeconde Généalogie un Jugement de maintenue de nobleſſe, le · · · · · · · · · · 1667.

Les ſieurs le Jeune de la Furjonniere viennent de faire dreſſer une troiſieme Généalogie, par le ſieur d'Hozier ; on n'y donne à Taſſart que deux enfans, un fils nommé Jéhan, dont ils ſe font deſcendre, & une fille religieuſe. Il n'eſt fait aucune mention dans cette Généalogie des autres enfans de Taſſart, pas même de Hue le Joſne, pere de Jehan ou Jehannet le Joſne, fils & petit-fils de Taſſart, dont il eſt nommément parlé dans une déclaration de 1496, par laquelle Jehan les a reconnus pour ſon frere & pour ſon neveu. Cette déclaration exiſte cependant entre les mains des ſieurs le Jeune de la Furjonniere. Auroient-ils oublié de la communiquer à leur Généalogiſte ? En tout événement le préſent Tableau généalogique de la famille le Joſne ou le Jeune pourra ſuppléer à cet oubli.

ou de retrait lignager, & cette préfomption ajoute encore aux preuves que nous avons tirées des enquêtes & des armoiries.

OBJECTIONS.

Avant de paſſer à l'établiſſement de notre quatrieme preuve, parcourons rapidement celles des objections du Marquis de Créquy, qui ne tiennent à aucunes des trois propofitions que nous venons d'établir.

Le Marquis de Créquy ne s'eſt pas contenté de foutenir que la branche, connue fous le nom de le Jeune, n'appartenoit pas à la maifon de Créquy. Il s'eſt fingulierement attaché à découvrir des familles, avec lefquelles il put lui trouver quelques rapports. Déjà il avoit tenté de faire defcendre le Comte de Créquy de *Pierre Semel* li Joule, Charpentier du Château d'Hésdin. Il abandonne aujourd'hui ce premier fyſtême, & veut l'incorporer dans une famille de le Jeune, qui paroît avoir été très-nombreufe en Artois vers la fin du feizieme fiecle. Il a raffemblé différentes Sentences rendues en faveur de plufieurs branches de cette même famille, inquiétées dans leur nobleſſe ; & des différentes généalogies que chacun de ces individus a produites, il en a fait compofer une générale, à laquelle il donne pour fouche commune avec le Comte de Créquy, Taffard le Jeune, pere de Jean le Jeune, qui eſt venu s'établir en Anjou. Les Sentences qu'il rapporte font au nombre de quatre. La premiere, eſt de 1577 ; la feconde, de 1583 ; la troifieme, de 1589 ; la quatrieme, de 1597.

Ce feroit trop compter fur l'indulgence de la Cour & du public, que d'entreprendre de relever ici toutes les contradictions qui fe trouvent, foit entre ces différentes Sentences, rapprochées les unes des autres, foit entre les difpofitions de chacune d'elles en particulier. Nous ne choifirons donc que les plus frappantes, & pour mettre le lecteur plus à portée de faifr la réfutation que nous allons faire de la généalogie que nous a compofé le Marquis de Créquy, nous en rapporterons ici le tableau, tel qu'il l'a fait imprimer lui-même à la fuite de la Confultation diftribuée en premiere inſtance.

L

Il eſt un premier point donné, & qu'il eſt important de faiſir, c'eſt que les quatre individus qui paroiſſent dans ces différentes Sentences, s'annoncent comme parens les uns des autres. Il ſuit de-là que ce que l'un a dit de ſa généalogie, doit néceſſairement nuire ou profiter aux autres.

Ce ſera dans le rapprochement des différens faits qu'ils ont rappellés, des époques qu'ils ont aſſignées à l'exiſtence des individus, qu'ils ont fait entrer dans leur généalogie, que nous puiſerons des armes victorieuſes pour prouver qu'ils nous ſont totalement étrangers.

Celui des le Jeune qui obtint la premiere de ces Sentences en 1577, a déclaré que *Jean le Jeune, en ſon vivant Ecuyer, demeurant à Eſquir, étoit la ſouche & eſtoc de ceux du ſurnom de le Jeune*; il ajoute que ce Jean le Jeune *avoit épouſé Jeanne de Gribauval*. Enfin il déclare, & c'eſt le fait le plus eſſentiel à ſaiſir, que de ce Jean le Jeune & de Jeanne de Gribauval nacquirent deux enfans, Regnaut & *Robert*. Et afin de mieux conſtater l'exiſtence de ce Robert, il cite une acquiſition faite par lui *le 14 Octobre 1401, après Pâques, de certaines terres, pour en jouir après le trépas dudit Jean le Jeune & de ladite Jeanne de Gribauval, ſes pere & mére*.

Les individus qui ont obtenu les trois autres Sentences de 1583, 1589 & 1597, ſe font également deſcendre ou de ce Jean le Jeune & de Jeanne de Gribauval, ou d'un autre Jean, frere de ce Jean le Jeune.

Le temps auquel ce Robert le Jeune vivoit ainſi déterminé, il eſt aiſé de fixer l'époque de l'exiſtence de Jean le Jeune & de Jeanne de Gribauval ſes pere & mere.

Robert étoit majeur en 1401, puiſqu'il acquéroit des terres, & que l'on contractoit avec lui. Ses pere & mere s'étoient donc mariés au plus tard en 1375, & un homme marié en 1375, en état d'avoir un fils l'année d'après, étoit né au plus tard en 1360.

Les époques de l'exiſtence de Jean le Jeune, époux de Jeanne de Gribauval & de Robert, leur fils aîné, une fois fixées, il ſera facile de prouver que tous les le Jeune qui ont paru dans les quatre Sentences de 1577, 1583, 1589, 1597, ſont abſolument étrangers au Comte de Créquy.

Jufqu'ici on n'a pas encore vu le point dé réunion de ces différentes branches de le Jeune avec celle du Comte de Créquy.
Il eft temps de l'expliquer.

Un de ces le Jeune qui obtint la Sentence de 1597 contre
le Procureur du Roi de l'Election fon contradicteur, eft entré
dans un certain détail fur fa généalogie. Il eft convenu, comme
avoit fait le premier, qu'il defcendoit *de Jean le Jeune & de
Jeanne de Gribauval*: mais il a de plus que les autres donné
pour pere *à ce Jean le Jeune Taffart le jeune.* C'eft cet individu
indiqué dans l'une de ces quatre Sentences, que le Marquis
de Créquy faifit avec empreffement pour en faire la tige commune des le Jeune qui les ont obtenues, & de la branche
du Comte de Créquy.

Nous aurons éloigné toute idée d'identité entre nous & les
le Jeune rappellés dans les Sentences, dès que nous aurons
phyfiquement démontré que le Taffart le Jeune, duquel ils fe
faifoient defcendre, ne peut être le pere de Jean le Jeune, qui
eft venu s'établir en Artois.

Or quatre preuves non moins décifives les unes que les
autres concourent pour établir ce point de fait dans lequel ré-
fide toute la difficulté.

Le Taffart le Jeune indiqué dans l'une de ces Sentences,
étoit pere de Jean le Jeune, époux de Jeanne de Gribauval,
& par conféquent ayeul de Robert. Robert, toujours fuivant
une autre de ces Sentences, avoit acquis des terres en 1401,
& par conféquent étoit majeur. Si Robert étoit majeur en 1401,
il étoit né au plus tard en 1375.

S'il étoit né au plus tard en 1375, Jean fon pere étoit né auffi
au plus tard en 1360.

Si Jean, pere de Robert, étoit né au plus tard en 1360, le
Taffard le Jeune, qu'on donne pour pere à ce Jean, étoit
auffi né au plus tard en 1345. Car c'eft fuppofer que Taffard &
Jean fon fils fe font tous deux mariés à 14 ans, & ont eu un
fils à 15.

Ainfi en donnant au Marquis de Créquy l'avantage de
toutes les hypotefes les plus favorables à fon fyftême, il fau-
dra qu'il convienne que le Taffard le Jeune indiqué dans l'une

des quatre Sentences qu'il produit , & reconnu pour auteur commun des quatre branches de le Jeune qui les ont obtenues , *eſt né au plus tard en 1346.*

Ceci poſé , il eſt évident qu'il n'eſt pas le Taſſard le Jeune duquel eſt deſcendu le Comte de Créquy : car Taſſard le Jeune , *notre dixieme aïeul connu, s'étoit trouvé jeune à la bataille d'A-zincourt , qui a été donnée en 1415.*

Il s'étoit trouvé jeune à la bataille d'Azincourt , puiſqu'il vivoit encore en 1460.

Il vivoit encore en 1460 , puiſqu'un des témoins (1) entendu dans notre Enquête de 1485 , dont l'âge eſt en tête de ſa dépoſition , & qui n'avoit alors que 36 ans, rend compte d'une converſation qu'il dit avoir eue étant jeune avec Taſſard le Jeune, notre dixieme aïeul. Quelque heureuſe que pût être ſa mémoire , on ne ſe perſuadera pas qu'il eût pu rendre compte d'une converſation qu'il auroit eue avant l'âge de dix ans ; & comme il n'en avoit que 36 en 1485 , il eſt clair qu'il avoit entendu de Taſſard le Jeune , notre auteur , les faits dont il a rendu compte , au plutôt en 1460.

Il faut donc que le Marquis de Créquy aille maintenant juſqu'à ſoutenir :

1°. Qu'un homme qui étoit né au plus tard en 1345 , étoit encore jeune en 1415.

---

(1) Le Marquis de Créquy a voulu rendre ce témoin ſuſpeƈt. Il ſe fonde ſur ce que le ſieur d'Hozier a dit dans le travail qu'il a fait ſur la généalogie du Comte de Créquy , que Jean le Jeune , ſon neuvieme aïeul, étoit venu ſe fixer en France *vers 1450.* Le Marquis de Créquy conclut de-là que ce témoin qui ne ſe dit âgé que de 36 ans en 1485, & qui par conſéquent étoit né en 1449, en a impoſé lorſqu'il a atteſté avoir connu en ſon jeune âge Jean le Jeune en l'hôtel de ſon pere.

Mais 1°. le ſieur d'Hozier n'a fait qu'annoncer une conjeƈture. 2°. Il n'a pas dit que Jean le Jeune étoit venu ſe fixer en France préciſément en 1450. Mais il a dit *vers 1450* , ce qui dans un ſiecle auſſi reculé peut bien laiſſer la liberté de varier de huit ou dix années ſur l'époque préciſe de ſon émigration.

Enfin ſi l'on veut combiner les dépoſitions des différens témoins , on trouve que Jean le Jeune n'eſt venu s'établir en France qu'en 1458 ; car tous les témoins atteſtent en 1478 qu'il a ſervi pendant *quinze années ſous & en la Compagnie de M. de Beau-jeu, & qu'il avoit été attaché auparavant pendant cinq ans à M. le Duc d'Orléans.*

Le témoin a donc dit vrai quand il a dépoſé qu'il l'avoit connu *en fréquentant pendant ſon jeune âge en l'hôtel de ſon pere.* Il avoit pu le voir juſqu'à l'âge de 9 ans. Auſſi le ſieur Cherin convient-il qu'il n'eſt paſſé en France qu'en 1457.

2°. Qu'un homme jeune en 1415 avoit un petit-fils majeur dès 1401.

3°. Qu'un homme né au plus tard en 1345 vivoit encore en 1460.

4°. Enfin qu'un homme vivant en 1460 avoit un petit-fils majeur dès 1401.

Si toutes ces propositions sont absurdes, la fausseté du système du Marquis de Créquy est physiquement démontrée.

A cette première preuve, bien suffisante sans doute, joignons-en une seconde tirée du tableau même que le Marquis de Créquy a fait imprimer.

Au nombre des enfans de Taffart le Jeune, rappellés dans l'une des quatre Sentences de 1577, 1583, 1589, 1597, il place Jean le Jeune, époux de Jeanne de Gribauval, & celui qui vint s'établir en Touraine, duquel descend le Comte de Créquy. Il les fait par conséquent freres. Mais comment Jean le Jeune, époux de Jeanne de Gribauval, duquel est issu Robert le Jeune, majeur en 1401, qui par conséquent ne peut être né plus tard qu'en 1360, peut-il être frere d'un homme qui vivoit en 1485 (alors il étoit cité dans les Tribunaux), & qui a vécu jusqu'en 1503 ? (Car sa femme n'a commencé à prendre la qualité de veuve qu'à cette époque.) Et comment un homme qui vivoit en 1503, peut-il avoir eu un neveu majeur en 1401.

Le Marquis de Créquy n'a pas même la ressource de dire que les le Jeune d'Artois descendoient de Taffard le Jeune, Procureur Général, qui vivoit en 1340 ; car il faudroit qu'il commençât par convenir de la fausseté de la généalogie qu'il nous a composée, puisqu'il fait notre Jean le Jeune fils de ce même Taffard dont les le Jeune d'Artois se font descendre ; & il est prouvé que notre Jean n'étoit pas fils du Procureur Général. D'ailleurs ce seroit supposer un fait contraire à tout ce qu'ont dit les le Jeune d'Artois & démenti par les époques auxquelles vivoient les individus qu'ils font descendre de Taffard cité par eux dans leurs généalogies.

Voilà cependant sur quelle base le Marquis de Créquy appuie ses raisonnemens : ses généalogies, les identités qu'il trouve entre les différentes familles, voilà à quoi se réduisent ces dé-

couvertes toujours annoncées avec éclat, & qui, bien analy-
sées, tournent à la honte de celui qui en a fait usage.

Et comment le Marquis de Créquy a-t-il pu se permettre
d'identifier ces le Jeune avec la branche du Comte de Créquy ?
N'a-t-il pas trouvé, dans les Sentences même, la preuve
qu'il ne nous appartenoient pas ? Ils y déclarent *qu'ils sont
issus des le Jeune Contay.* Nous tiendrions à honneur, sans
doute, d'appartenir aux le Jeune Contay. Ils ont eu, dans
leur Maison, un Cardinal, des Ambassadeurs. Chaque degré
de leur généalogie est marqué par autant d'illustrations ; mais
l'époque de leur annoblissement est connu ; il ne remonte
qu'à 1420. La Rocque & tous les Auteurs héraldiques en rapportent les circonstances ; & les auteurs du Comte de Créquy jouissoient alors d'une noblesse dont on ne connoissoit
pas l'origine. Taffart le Jeune, Procureur Général du Comté
d'Artois, occupoit cette place en 1377 ; il scelloit alors d'un
sceau représentant les mêmes armes que le Comte de Créquy
possede aujourd'hui. Et pour nous servir des expressions d'un
ancien Lieutenant général de la Gouvernance d'Arras, la noblesse *des le Jeune, auteurs du Comte de Créquy, étoit si notoire,
qu'il n'étoit mémoire du contraire.*

Les liaisons qu'ils avouent avoir avec les le Jeune Contay, justifient le reproche que les habitans contre lesquels ils
plaidoient, leur ont fait, puisque les le Jeune Contay portent, pour armes, un fassé de six picces, ou de gueule, frété
d'argent, & semé de fleurs de lys d'or.

Les individus rappellés dans ces Sentences n'appartiennent
donc point au Comte de Créquy. Eux-mêmes en sont conve-
nus. Quelle induction tirera t-on, d'après cela, du nom de le
Jeune qu'ils ont porté ? Il étoit leur nom patronimique ; il n'est
pour nous qu'un surnom. Ce nom est commun en France ; &
mille individus le portent, qui ne sont pas nos parens. Les
armes même qu'ils s'attribuent, nous fournissent une nouvelle
preuve de notre descendance de la Maison de Créquy, puisque les habitans d'Esquire, qui contestoient la noblesse au
premier d'entr'eux qui a obtenu la Sentence de 1577, lui
reprochoient d'avoir usurpé le créquier d'argent en champ de

gueule fur les Créquy. Le changement des émaux n'empêchoit pas qu'ils ne les accufaffent d'avoir ufurpé les véritables armes de la Maifon de Créquy. Les auteurs du Comte de Créquy, qui les portoient publiquement dans l'Artois, à Ambricourt, à Créquy même ; le Procureur général, qui fcelloit d'un Cré-quier tous les actes qu'il paffoit en cette qualité, n'ont point éprouvé de pareils reproches. Ils étoient donc vraiment iffus de la Maifon à laquelle ces armes appartenoient exclufivement à toute autre.

Que devient maintenant cette objection, tirée de la recon-noiffance donnée par Jean le Jeune à Jeannet fon neveu, au bas de l'enquête de 1485 ? Le Marquis de Créquy n'a ceffé de la répéter ; il ofe imprimer que nous fommes dans l'im-poffibilité d'y répendre.

Cette reconnoiffance en elle-même ne peut faire naître le plus léger foupçon fur l'exactitude des faits rappellés dans les enquêtes. N'eft-il pas naturel que le neuveu de Jean le Jeune, voulant s'établir en France, prît des précautions convenables pour éviter les procès que fon oncle avoit eu à foutenir ? Mais les faits les plus fimples deviennent fufpects, quand on y ajoute des circonftances propres à les altérer. Le Marquis de Créquy fuppofe gratuitement que Jeannet le Jeune eft accouru d'Ar-tois pour demander un certificat à fon oncle, & retourner enfuite en Artois, tenter de fe fouftraire, à l'aide de ce cer-tificat, aux recherches des habitans, qui l'inquiétoient fur fa nobleffe.

Ce raifonnement a pour bafe l'allégation d'un des le Jeune d'Artois, qui obtint la Sentence de 1577, & qui, pour établir fa nobleffe, cite une Sentence de maintenue accordée à un Jean le Jeune cinquante-cinq ou foixante ans auparavant.

Le Marquis de Créquy faifit avec empreffement cette cir-conftance ; il l'applique au neveu de Jean le Jeune, & fe permet enfuite une foule de conjectures, qu'il annonce comme des conféquences d'un principe certain.

Pour détruire un pareil fyftême, il fuffit de nier les faits fur lefquels il porte. Quand la combinaifon du Marquis de Créquy feroit jufte, nous lui dirions que les individus qui ont obtenu ces Sentences en ayant impofé fur les faits les plus effentiels (comme nous venons de le démontrer) , ils ne peuvent être crus fur aucun des autres.

Nous ajouterons que la prétendue Sentence dont ils parlent, & qui, felon eux, avoit été rendue cinquante-cinq à foixante ans auparavant, c'eft-à-dire, en 1517, par les Elus d'Artois, ne fe trouve fur aucuns regiftres. Le Marquis de Créquy lui-même les a fait compulfer, & fes recherches ont été infructueufes. Enfin, on ne perfuadera à perfonne que Jean le Jeune foit venu en 1494 chercher un certificat pour lutter contre les Collecteurs de fa Paroiffe en 1517, c'eft à dire, vingt-fix ans après. Le Marquis de Créquy auroit bien dû vérifier ces dates avant de préfenter ce raifonnement avec tant de confiance. Que doit-on penfer de tout ce qu'il avance, fi les faits qu'il annonce comme certains font démentis par les pieces même qu'il invoque.

S'il étoit vrai que Jean le Jeune eût été inquiété à Ambricourt fur fa nobleffe, de quelle utilité auroit pu lui être le certificat de fon oncle ? L'auroit il emporté fur la connoiffance perfonnelle que les habitans d'Ambricourt auroient eu de fa roture ? Croit-on qu'ils lui auroient fait le facrifice de leur opinion particuliere, & que ceux qui auroient eu intérêt de le faire juger roturier, fe feroient laiffés condamner fur une pareille atteftation ? Les faits allégués par le Marquis de Créquy, outre qu'ils ne font appuyés fur aucune piece, font encore dénués de vraifemblance. On ne voit dans le certificat de Jean le Jeune qu'une fimple reconnoiffance qu'il a faite de Jeannet pour fon parent. On en ignore la caufe & l'objet ; & fi l'on peut préfumer qu'elle ait été relative à fa nobleffe, il faut auffi convenir qu'elle annonce dans Jeannet le Jeune au moins le projet de fe fixer en France, puifqu'elle auroit été totalement inutile en Artois.

Les inductions que le Marquis de Créquy en tire font inconciliables avec ce que les actes trouvés dans les archives du Comté de S. Paul, les aveux & dénombremens du frere & du neveu de Jean le Jeune, les Lettres de Louis XI, tous les témoins qui ont été entendus, & fur tout le Lieutenant Général des Elus d'Artois, ont dépofé de l'ancienneté de la

nobleffe

nobleſſe de la branche connue ſous le nom de le Jeune. Que l'on juge maintenant auxquels on doit donner la préférence?

Quel cas fera-t-on de cet Adam le Jeune, donné pour pere à Taſſard? Ce Race le Jeune, époux d'une Antoinette de Créquy, *que le Marquis de Créquy appelle une vierge incon-nue à ſa Maiſon*, & tant d'autres petits faits aſſaiſonnés du ſel de la ſatyre? Ils ont amuſé un inſtant; l'inutile s'en eſt occupé; l'homme ſenſé n'y a vu que le deſir de nuire, & les a négligés comme étrangers à la cauſe.

Seconde Objection.

Mais pourquoi refuſer les le Jeune d'Artois & les le Jeune Contay, lorſqu'on deſcend en droite ligne d'un Tapiſſier? Le Marquis de Créquy fait imprimer qu'il en a la preuve. J'ai aujourdhui entre les mains, dit-il page 6 de ſon Mémoire, un état de la Maiſon du Duc Charles d'Orléans; j'y trouve, à l'époque du décès de ce Prince, *Jean le Jeune, employé, mais employé en qualité de Tapiſſier.*

Si le Comte de Créquy avoit quelque intérêt d'écarter les pieces dont ſon Adverſaire fait uſage, il lui demanderoit d'abord d'où viennent ces états qu'il invoque. Les états des Officiers du Duc Charles d'Orléans ne peuvent repoſer que dans les Chambres des Comptes, & perſonne n'ignore que l'on ne laiſſe ſortir aucun original de ces dépôts publics. Dès que les pieces pro-duites par le Marquis de Créquy n'y repoſent point, que rien ne conſtate qu'elles en ſoient ſorties, elles n'ont aucun caractere d'authenticité, & ne peuvent faire foi en Juſtice. Ce ſont des parchemins informes, mis au rebus, vendus à la livre, peut-être auſſi préſentés au Marquis de Créquy par des mains ſuſpectes; & que, dans aucun cas, nous n'aurions intérêt de faire vérifier, puiſqu'ils ſont à notre égard, & aux yeux de la Loi, ſans force, ſans vertu & ſans effet. Mais cette réponſe ſatisfaiſante pour les Miniſtres de la Juſtice, laiſſeroit peut-être croire au Public que nous avons à redouter les conſéquences qu'on en tire. Entrons donc dans l'examen de chacune de ces pieces en particulier.

M

Le Marquis de Créquy a produit deux prérendus états
de la Maison du Duc Charles d'Orléans ; le premier eft de
l'année 1464, le fecond de 1472 ; dans l'un comme dans
l'autre, on lit le nom de *Petit Jean le Jeune*, & nullement celui
de *Jean le Jeune*. Pourquoi donc le Marquis de Créquy fe per-
met-il, page 6 de fon plaidoyer, d'annoncer qu'il trouve,
dans ces états, *Jean le Jeune employé comme Tapiffier?*

C'eft parce que, dit-il, on retrouve fon nom dans une
quittance donnée par Raoulquint, fondé de fa procuration ;
qu'il y eft qualifié de Valet-de-chambre de M. de Beaujeu,
& qu'il touche les gages qui lui étoient dus du tems qu'il
avoit fervi le feu Duc d'Orléans en l'office de Tapiffier.

C'eft ici une équivoque miférable que nous détruirons en
rapportant les termes même de cette prétendue quittance.

« En la préfence de moi Loys Hellebont, Secrétaire de
» Madame la Ducheffe d'Orléans de Milan, Roulequin
» Raoul, Varlet-de-chambre de madite dame, a confeffé
» avoir eu & receu ou nom & comme Procureur fuffifam-
» ment fondé de *Petit Jehan le Jeune*, Varlet-de-chambre de
» Monfeigneur de Beaujeu, comme par lettres de procuration
» fur ce faite & paffée *par icelluy Jehan le Jeune* en la Cour
» du Roi noftre Seigneur, à Amboife, donnée du feizieme
» jour de Mai l'an préfent mil quatre cent foixante-dix,
» fcellées du fcel royal eftably aux contraux audit Amboife,
» & figné a Gaillon, m'eft fuffifamment apparu de honorable
» homme Michel Guillart, Confeiller, Tréforier & Argentier
» de ma litte dame, la fomme de 22 liv. 10 f. tournois, fur
» ce qui peut lui eftre deu à caufe de fes gaiges ou penfion
» à lui ordonnée du tems qu'il a fervi au vivant de feu Mon-
» feigneur le Duc, que Dieu abfoilve, en office de Tapicier,
» de laquelle fomme de 22 l. 10 f. tournois, ledit Raoulequin
» pour ledit *Petit Jehan le Jeune*, & au nom que deffus en
» a quitté & quitte, & promet acquitter envers tous madite
» dame, fondit Tréforier & tous autres. Tefmoin mon feing
» manuel c'y mis le vingt-neuvieme jour de Mai l'an mil
» quatre cent foixante-dix. *Signé* L'HELLEBONT, avec
» paraphe ».

Celui qui donne la procuration énoncée dans cette quittance n'etoit donc pas Jean le Jeune, mais bien *Petit Jean le Jeune* ; son nom se trouve en tête de la quittance ; il est encore répété à la fin ; & il est évident que le copiste qui a écrit cette quittance, n'a mis *Jean le Jeune* dans le corps de l'acte, que par abréviation du nom qu'il avoit d'abord écrit en entier.

La seule induction que l'on puisse tirer de ces trois pieces, c'est qu'il y a eu un Petit Jean le Jeune, Tapissier, chez M. le Duc d'Orléans, à qui on a donné la qualité de Valet-de-chambre de M. de Beaujeu, dans une quittance qui n'a nul caractere d'authenticité, qui ne peut avoir été tirée d'aucun dépôt public, puisqu'elle n'a été ni cottée ni numérotée ; qui, si elle a été donnée par un fondé de p.ocuration, doit être accompagnée de cette même procuration que cependant on ne représente pas, & qui paroît avoir été reçue par le sieur Helbon, qui se qualifie de Secrétaire de Madame la Duchesse d'Orléans, tandis que les regiftres de la Chambre des Comptes ne présentent, à cette même époque, qu'un sieur de Villebreine, Secrétaire de Madame la Duchesse d'Orléans.

Au surplus, qu'en a conclu le Marquis de Créquy ? Que l'individu porté dans les étatsde 1464 & 1472, étoit le même que celui annoncé dans la quittance de 1470. Nous adopterons volontiers cette conséquence ; & nous aurons à prouver seulement que le Petit Jean le Jeune, Tapissier de M. le Duc d'Orléans, ne peut être le même individu que notre Jean le Jeune.

Nous ne produirons point ici de pieces prétendues originales ; mais nous invoquerons les originaux même qui reposent à la Chambre des Comptes de Paris. Nous citerons des regiftres ouverts à tout le monde, & dont une des plus anciennes Cours de France garantit l'authenticité.

C'est dans les regiftres qui contiennent les comptes rendus par les Tréforiers de la Maison du Duc d'Orléans, depuis le 1er Juillet 1452 jusqu'au 9 Janvier 1464, que l'on trouve le nom de ceux qui remplissoient alors l'office de Tapissier du Prince, nous avons cru devoir ici en donner le relevé.

Du 1er Juillet 1452 au dernier Juin 1453. Petit Jehan, Tapissier.   C O M P T E S.

M ij

Du 1er Juillet 1453 au dernier Juin 1454.	Petit Jean Godin, Tapiſſier.
Du 1er Juillet 1454 au dernier Juin 1455.	Petit Jehan, Tapiſſier.
Du 1er Juillet 1455 au dernier Juin 1456.	Petit Jehan Godin, Tapiſſier.
Du 1er Juillet 1456 au dernier Octobre 1457.	Petit Jehan Godin, Tapiſſier.
Du 11 Octobre 1457 au dernier Juin 1458.	Petit Jean, Tapiſſier.
Du 1er Juillet 1453 au dernier Juin 1459.	Petit Jean, Tapiſſier.
Du 1er Juillet 1459 au dernier Juin 1460.	Petit Jean Godin, Tapiſſier.
Du 1er Juillet 1460 au dernier Juin 1461.	Petit Jean Godin, Tapiſſier.
Du 1er Juillet 1461 au dernier Juin 1462.	Petit Jean Tapiſſier.
Du 1er Juillet 1462 au dernier Décembre 1462.	Petit Jean, Tapiſſier.
Du 1er Janvier 1462 au dernier Juin 1463.	Petit Jean, Tapiſſier.
Du 1er Juillet 1463 au dernier Juin 1464.	Petit Jean Godin, Tapiſſier. / Petit Jean le jeune, Tapiſſier.
Du 1er Juillet 1464 au 9 Janvier 1464.	Petit Jean Godin, Tapiſſier. / Petit Jean le Jeune, Tapiſſier.

Peut-on douter maintenant que l'office de Tapiſſier de la Maiſon du Duc Charles d'Orléans ait été pendant ces douze années dans une famille appellée *Petit Jean*. Ce nom eſt répété dans ſept comptes différens, ſans qu'il ſoit précédé ni ſuivi d'aucun autre. Il étoit donc le nom patronimique de l'individu qu'il indiquoit.

Depuis 1453 juſqu'en Juin 1464, on ne trouve dans ces offices que des *Petit Jean* & *Petit Jean Godin*.

Petit Jean le Jeune ne paroît pour la premiere fois qu'en Juin & Janvier 1464, & il eſt accolé avec Petit Jean Godin, qui poſſédoit un office pareil dès 1453. On remarque par conſéquent trois individus du même nom dans les mêmes offices de Tapiſſier, & cela dans l'eſpace de douze années. Il eſt difficile de ne pas en conclure que ces individus étoient de la même famille, & de ne pas voir dans Petit Jean le Jeune le fils du Petit Jean, qui ne paroît plus en effet dès que Petit Jean le Jeune eſt employé comme Tapiſſier dans les états de la Maiſon, tandis qu'il eſt nommé dans tous les comptes des années précédentes.

D'après ces obſervations préliminaires il nous ſera facile de démontrer que Petit Jehan le Jeune, Tapiſſier, ne peut être le même individu que Jean le Jeune établi en Touraine.

En effet, Jean le Jeune, établi en Touraine, avoit pour pere Taſſard le jeune d'Ambricourt, & non pas un Petit Jean le Jeune.

Taſſard le Jeune d'Ambricourt étoit extrait de noble lignée, menoit chiens & oiseaux, vivoit noblement, habitoit au village d'Ambricourt, que l'on appelloit le village des Nobles-Hommes, & eût été peu propre à faire un Tapissier.

Ses enfans *étoient appellés pour servir leur Prince en leurs guerres & armées,* & n'avoient pas fait, en combattant pour leur Prince, l'apprentissage d'un Tapissier.

Jacques le Jeune, frere de Tassart *avoit épousé une demoiselle de Tramecourt, Maison illustre dans la Picardie. Il étoit Seigneur d'Ambricourt en partie, sa veuve lui donnoit la qualité d'Ecuyer, le bâtard qu'il avoit eu avant de se marier servoit le Duc de Bourgogne aux grands frais & dépens de sa veuve & de son fils mineur, en qualité d'homme d'armes & de monture;* son neveu étoit-il né pour être Tapissier?

Jean le Jeune, notre auteur, avoit *frayé & dépensé la plupart de son vaillant à l'armée sous & en la compagnie de M. de Beaujeu, où lui-même déclare avoir servi pendant quinze ans.* Est ce là la retraite ordinaire d'un Tapissier?

Ruiné par les guerres il s'adresse à Louis XI; il sollicite des Lettres Patentes, *qui lui permettent de faire le trafic sans déroger.* Louis XI les lui accorde & *le qualifie d'Ecuyer;* ces Lettres sont adressées aux Elus de Tours & enregistrées sans nulle opposition. Il étoit donc Gentilhomme, & un Gentilhomme n'est pas Tapissier. Il n'avoit pas dérogé & un Tapissier déroge. Il craignoit de compromettre sa noblesse, & cette crainte n'est connue que d'un Gentilhomme d'ancienne race, qui lutte contre l'infortune.

Mais tel est le pouvoir de la vérité, que toujours elle laisse après elles des traces qui servent à la faire découvrir. C'est un fait constant dans la cause, fait annoncé par notre Jean le Jeune dans la demande qu'il porta devant les Elus de Tours, confirmé par les témoins des deux enquêtes, & jugé par la Sentence du 11 Novembre 1478, qu'il avoit alors *servi sous & en la compagnie de M. de Beaujeu, & suivi les guerres pendant quinze ans en çà.* L'enquête de 1478 prouve qu'il étoit entré dans la compagnie de M. de Beaujeu depuis le décès de M. le Duc d'Orléans, avec *lequel il avoit demeuré pendant l'espace de quatre à cinq ans.* Il doit donc, s'il étoit Tapissier,

fe trouver fur les états de la Maifon d'Orléans, depuis 1458
jufqu'en 1463. Il ne peut y être ni avant ni après & il doit s'y
trouver pendant ces cinq années. Or, il eft prouvé par le relevé des comptes de la Maifon du Duc Charles d'Orléans
que nous venons de produire fous les yeux du public, qu'on
ne trouve *le Petit Jean le Jeune, Tapiffier, qu'en la feule
année 1464.*

Et qu'on ne dife pas qu'il eft porté dans les autres comptes fous
le nom de *Petit Jean*, car le Petit Jean & le Petit Jean Godin,
qui étoient Tapiffiers, de même que Petit Jean le jeune remontent à 1452, & bien au-delà, par conféquent, de l'époque à laquelle eft fixée l'entrée de notre Jean le Jeune dans
la Maifon d'Orléans. Si on ne trouve pas d'autre Jean le
Jeune dans la Maifon d'Orléans, c'eft qu'il n'eft dit nulle part
que Jean le Jeune eût été dans la Maifon domeftique du Duc
Charles d'Orléans, & qu'il n'exifte aucune montre militaire
dans lefquelles, fans doute, on le trouveroit compris.

Faudra-t-il encore fe livrer à une differtation nouvelle fur
la qualité de Valet-de-Chambre de M. de Beaujeu, qui lui
eft donnée dans l'enquête de 1478, & dans les Sentences du
7 Juillet 1486; mais il eft évident que cette qualité étoit honorable, & fans nous borner à l'autorité de Loyfeau, qui attefte que les Chambellans du Roi, à préfent nommés Gentilshommes de la Chambre, s'appellerent Valet-de-Chambre juf-
qu'à François Ier (1), nous avons la preuve dans nos enquêtes,
que ces fonctions n'étoient remplies chez les Princes que par
des Gentilshommes qui avoient en même tems l'honneur de
défendre l'Etat, puifque quatre des témoins de l'enquête de
1485 atteftent avoir vu *Jean le Jeune en l'Hôtel de M. de
Beaujeu, fervant ledit Seigneur comme Gentilhomme, qu'il étoit
tenu, réputé noble & extrait de noble lignée en l'Hôtel du Prince,
qu'il étoit avec les autres Gentilshommes, étoit vêtu, monté &
habillé de même.*

Nous aurions été difpenfés d'entrer dans tous ces détails,

Traité des Ordres, chap. 5, pag. 29.

---

(1) Loifeau dit, à la vérité, que ces places étoient, fous François Ier, remplies
par des roturiers; mais il ne s'enfuit pas qu'elles le fuffent fous Louis XI.

s'il exiftoit à la Chambre des Comptes des Etats de la Maifon de M. de Beaujeu ; mais le feul qu'on ait pu y retrouver
eft totalement pourri, il eft impoffible d'y rien déchiffrer, &
il y a plus de cent années qu'il eft annoncé comme tel fur le
répertoire général de la Chambre des Comptes , que l'on eft
encore à même de compulfer.

Puiffe le Public nous pardonner ces digreffions étrangeres à
la caufe. Le Marquis de Créquy les a néceffitées. La calomnie
lance fes traits avec fureur ; la vérité néceffairement plus
lente ne peut la fuivre que de loin ; mais fa préfence change
en un ciel pur l'atmofphere ténébreux dont le menfonge a toujours foin de s'envelopper.

TROISIEME OBJECTION.

Nous parvenons enfin à la derniere objection du Marquis
de Créquy , celle qui eft tirée du défaut de jonction.

Avant d'examiner fi le Comte de Créquy n'etablit pas fa
jonction, autant que l'on peut exiger de lui qu'il le faffe dans
les circonftances où il fe trouve placé , voyons s'il eft indifpenfable de prouver fa jonction par titres pour pouvoir fe dire
iffu de telle ou telle Maifon.

Si la preuve de la jonction par titres étoit toujours néceffaire , on banniroit du nombre des principes de la fcience héraldique ce concours de circonftances , ces rapports multipliés ,
que des individus exiftans dans des fiecles éloignés paroiffent
avoir eu entr'eux , & qui font préfumer une origine commune.
Cependant , il n'eft pas une généalogie qui remonte au douzieme fiécle fans le fecours de ces conjectures. On ne trouve
pas le titre qui prouve que tel eft defcendu de tel , mais il
a poffédé les mêmes biens ; il étoit originaire du même
lieu ; il en avoit les armes ; il en portoit le nom , ou fouvent même il n'avoit qu'un nom que l'on retrouve fréquem-
ment dans la famille , & qui étoit d'adoption pour elle ; il
n'eft pas un Auteur qui ne tire de ces différens rapports la
conféquence certaine que ces individus appartenoient les uns

aux autres. Le fieur Cherin lui-même en conviendroit, fi, par état, il n'étoit obligé de certifier qu'il exifte deux titres fur chacun des degrés de ceux qui afpirent à monter dans les carroffes, encore ces fortes de preuves ne remontent-elles que jufqu'au quatorziéme fiécle.

S'il étoit indifpenfable d'établir fa jonction par titres, que deviendroit la preuve de l'etat tiré de la feule poffeffion? Quiconque ne peut invoquer que fa poffeffion, n'a certainement pas de titres. Il lui eft impoffible de prouver fa jonction, & cependant il eft maintenu dans fon état.

La jonction n'eft abfolument néceffaire à prouver que quand on fe préfente pour recueillir une fucceffion conteftée par d'autres qui prétendent y avoir un droit exclufif. Chacun des prétendans eft obligé dans ce cas d'établir à quel degré il eft parent du défunt; & comme les degrés ne fe comptent qu'en partant du point où l'on eft pour rejoindre un individu qui forme une fouche commune entre foi & le défunt; il faut de néceffité abfolue établir fa jonction; mais hors de ces cas, elle peut être fuppléée (toutefois dans des fiécles reculés) par un affemblage de circonftances frappantes qui ne peuvent fe rencontrer qu'entre individus d'une même Maifon.

Nos Auteurs héraldiques, l'hiftoire même des grands Officiers de la Couronne en contiennent des exemples frappans. Il y en a un entr'autres dans la Maifon de Barthe-Fumel. La branche de Montcornil eft placée immédiatement après celle de Barthe-Fumel, *quoique l'Auteur avoue que la jonction n'ait pu être établie.*

André Duchefne, qui joignoit à l'art héraldique les connoiffances les plus profondes de l'hiftoire, n'héfite pas à conclure de ce que Gautier de Gand, qui vivoit en 1333, avoit eu cinq enfans, dont trois étoient morts fans poftérité, que la famille qui depuis *changea fon nom de Gand en celui de Villain*, étoit néceffairement iffue de l'un des deux autres enfans. Le changement de nom, le défaut de jonction ne lui ont donc pas parus fuffifans pour refufer une auffi illuftre

origine

origine à ceux à qui une foule d'autres circonſtances paroiſſoient la donner.

Les biens que poſſédoit Jean le Jeune en Artois, avant ſon émigration, ont été pillés & brûlés. Les Lettres-Patentes de Louis XI, duement regiſtrées, conſtatent ce fait. On ne peut donc exiger de la branche des le Jeune, qu'ils repréſentent leurs titres. Ils ſont préciſément dans la poſition où ſe trouvent les plus illuſtres Maiſons, quand elles arrivent aux onze & douzième ſiécles, & les rapports qu'ils ont conſervés avec la Maiſon de Créquy, tirés des armoiries, de la poſſeſſion des biens, des dépoſitions de gens du pays entendus il y atrois cens ans, ſont devenus pour eux des preuves inconteſtables de leur jonction.

Ces circonſtances, ſuivant le Marquis de Créquy, ne peuvent avoir de poids qu'autant qu'elles concourent toutes dans le même individu. Il faut, pour préſumer une jonction, que l'on trouve entre deux ſujets le même nom, le même lieu, les mêmes armes, les mêmes biens. Nous réuniſſons déja trois de ces circonſtances; car Taſſard & Jacques le Jeune ſont deux freres & nés certainement à la fin du quatorziéme ſiécle, ils ont poſſédé la terre d'Ambricourt, qu'Enguerand de Créquy, dit le Begue, mort ſans enfans en 1398, avoit laiſſée dans ſa ſucceſſion. Nous avons habité les environs de Créquy, puiſqu'Ambricourt n'en eſt éloigné que de deux lieues; nous en avons toujours porté les armes. Le nom ſeul nous manque: mais celui de le Jeune que nous avons conſervé, n'a-t-il aucun rapport avec la Maiſon de Créquy ? c'eſt ce qu'il faut examiner.

Le nom de le Jeune a été adopté comme ſurnom par un nombre conſidérable de ſujets qui appartiennent à la Maiſon de Créquy. Un de ceux qui périt à la bataille d'Azincourt, étoit appellé le Jeune. Charles de Créquy, Seigneur de Saucourt & Claude de Créquy, chef de la branche de Créquy-Hemon, étoient auſſi ſurnommés le Jeune. Il y a plus, nous trouvons dans la Bibliotheque du Roi un manuſcrit qui fait partie du cabinet de M. de Gaignieres, cédé au Roi en 1711, dans lequel on remarque un ſujet de la Maiſon de Créquy, portant le ſeul nom de le Jeune.

N

Baudouin, Sire de Créquy & de Fressin, vivoit en 1199; il épousa Clémence de Croy.

Il eut pour fils,

Philippes de Créquy & de Fressin, vivoit en 1238.	Guillaume de Créquy, Prévôt de Saint-Pierre d'Aire.	Guillaume le Jeune, Chevalier, Sire de Torchy.

Si l'on en croit l'histoire des Grands Officiers de la Couronne, la descendance de ce Guillaume le Jeune ne s'étendit pas au-delà de deux degrés, elle finit par la mort de son petit-fils tué à la bataille de Montlhery en 1465; mais la généalogie de la Maison de Créquy, reposante à la Bibliothèque du Roi, ne donne point de postérité à ce Guillaume le Jeune : d'où il faut conclure que l'on a des notions bien peu sûres sur sa descendance.

Elle paroît cependant s'être perpétuée sous le nom de le Jeune; car on trouve dans les registres de Barthelemy Dodrac & de Jean Ducange, tous deux Trésoriers des guerres pour les années 1340 & 1341, deux sommes, l'une de 53 l. 12 sols, l'autre de 110 liv. allouées comme payées à Beaudouin & à Guillaume le Jeune, pour leur retour de Bovines où étoit l'armée à Saint-Omer & en Artois où ils demeuroient. Ils portent l'un & l'autre les mêmes noms de baptême. *Beaudouin & Guillaume le Jeune* que portoient *Guillaume le Jeune, Chevalier, Sire de Torchy, & Beaudouin de Créquy, dit le Jeune, son pere.*

Qui osera donc assurer que Wautier le Jeune n'en étoit pas issu? Il pouvoit être son fils, puisque suivant Beaudouin-Davesne, invoqué par le Marquis de Créquy, ce Guillaume le Jeune, fils de Beaudouin de Créquy, surnommé le Jeune, vivoit encore en 1270, & l'existence de Wautier le Jeune en 1326 est prouvée par l'acte même, au bas duquel est encore suspendu son sceau.

Wautier le Jeune unit la branche des le Jeune à la Maison de Créquy. Il appartient aux le Jeune par son nom, par ſes armes, par le lieu de ſon habitation, enfin par ſes poſſeſſions, puiſqu'il paroît dans l'acte de 1326 comme poſſédant un fief relevant du Seigneur d'Herin, & que nous rapportons des aveux & dénombremens paſſés par des ſujets que l'on ne nous conteſte pas, d'un fief relevant de la Seigneurie d'Herin.

. Il appartient à Guillaume le Jeune, fils de Beaudouin de Créquy, ſurnommé le Jeune, par ſon nom, par le lieu de ſa naiſſance, par la ſituation de ſes biens voiſins de Créquy. & principalement par ſes armes. Elles repréſentent en effet un créquier pur & ſans charge d'aucune pièce étrangere avec la bande de cadet. Cette bande ſynonyme de ſon nom explique pourquoi il ne portoit que le nom de le Jeune, quoiqu'iſſu de la Maiſon de Créquy.

En vain le Marquis de Créquy allégueroit que la généalogie de ſa Maiſon ne fait aucune mention de Wautier le Jeune; ſon ſilence ne peut opérer l'excluſion de Wautier le Jeune, lorſque nous rapportons des preuves non ſuſpectes de ſon défaut d'exactitude. Dans le ſeul eſpace de tems qui s'eſt écoulé depuis 1330 juſqu'en 1396. On trouve dans le dépôt des minutes du Parlement un Philippe de Créquy, un Bauldouin de Créquy, un Taſſard de Créquy, un Anſelme, un Enguerand, un Guillaume, un Regnaud de Créquy, en un mot onze individus différens de la Maiſon de Créquy qui ont été parties dans autant d'Arrêts, & dont il n'eſt fait aucune mention dans la généalogie de la Maiſon de Créquy, rapportée dans l'hiſtoire des Grands Officiers de la Couronne, ni dans celle que Pierre d'Hozier a compoſée en 1620. On ne peut par conſéquent les citer ni l'une ni l'autre comme capables de fixer l'opinion de la Cour ſur l'admiſſion ou l'excluſion des individus qui prétendent avoir des droits au nóm de Créquy.

Toute la queſtion ſe réduit donc à ſçavoir ſi le Marquis de Créquy eſt en droit d'exiger de nous que nous juſtifions par titres nos degrés depuis Wauthier le jeune juſqu'à Guillaume le jeune, fils de Baudouin de Créquy, ſurnommé le Jeune lorſque Louis XI lui-même a déclaré que nos biens *ont été pillés & gâtés par les gens de guerre qui ravageoient l'Artois ;* lorſqu'il s'agit de prouver des degrés qui remontent à cinq cens ans, & que tous les Généalogiſtes, tous les Auteurs héraldiques atteſtent l'uſage & la néceſſité où l'on eſt de ſe contenter à cette époque d'un concours de circonſtances, & des rapports d'un individu avec l'autre, pour ſuppléer à des titres qui n'ont pu échapper aux rigueurs du temps.

Mais comment le Marquis de Créquy inſiſte-t-il ſur la repréſentation de ces titres ? Ne ſçait-il pas que ſa Maiſon en manque elle-même à l'époque où nous en ſommes privés ; faut-il qu'il nous oblige à rappeller les notes que Charles d'Hozier, fils de celui qui compoſa ſa généalogie en 1620, a miſes en marge de cette même généalogie (1)? Avant de le faire, nous croyons devoir obſerver qu'elles ne peuvent influer en rien ſur l'état du Marquis de Créquy. Nous ſommes bien loin de vouloir jetter le plus leger ſoupçon ſur ſon origine, & nous ne nous permettrions point de la produire au grand jour, ſi elles ne nous fourniſſoient une réponſe victorieuſe à ſa principale objection.

En marge de l'article de Jean de Créquy, ſurnommé l'Etendard, qui vivoit en 1289, on trouve écrit de la main de Charles d'Hozier, les termes qui ſuivent :

» *On n'a aucune preuve ni titres qui apprennent de qui ce Jean*
» *de Créquy Ier du nom étoit le fils, s'il l'étoit de Beaudouin*
» *de Créquy III ou de quelqu'autre.*

___

(1) Extrait d'une généalogie en diſcours, de la Maiſon de Créquy, dreſſée & écrite par Meſſire Pierre d'Hozier en 1620.

En marge de l'article de Jean de Créquy, ſurnommé l'Etendard, premier du nom, ſire de Créquy, &c. qui forme le 16e degré, eſt écrit de la main de Meſſire Charles d'Hozier, fils dudit Pierre, la note qui ſuit :

» *On n'a aucune preuve ni titre qui prouve de qui ce Jean de Créquy I du nom*
» *étoit le fils, s'il l'étoit de Beaudouin de Créquy III ou de quelqu'autre.*

En marge de l'article de Beaudouin III, ſire de Créquy & de Canaples, &c., formant le 15e degré, eſt écrit de la main de Meſſire Charles d'Hozier ſon fils, la note qui ſuit :

» *Toute la ſuite des degrés, depuis ce Beaudouin IIIe n'eſt pas ſûre, juſqu'à Jean*
» *de Créquy ; qui épouſa Jeanne de Kaverkerke.*

Nous ſouſſigné Garde des titres & généalogies de la Bibliotheque du Roi, certifions l'extrait ci-deſſus, conforme à ladite généalogie manuſcrite, conſervée dans notre département. En foi de quoi nous avons ſigné le préſent certificat, & nous y avons appoſé l'empreinte du cachet de nos armes. A Paris, en l'Hôtel de la Bibliotheque, le 4 Juillet 1780. *Signé* DE GEVIGNY.

On lit également en marge de l'article de Beaudouin trois fire de Créquy qui vivoit en 1209, *» que toute la fuite des » degrés, depuis ce Baudouin III, n'eft pas fûre jufqu'à Jean » de Créquy qui époufa Jeanne de Havefkerke**, ce qui embraffe trois degrés fuivant l'hiftoire des grands Officiers de la Couronne, & occupe un efpace d'environ cent années.

Il viuoit en 1366.

Le Marquis de Créquy foutient que cette note eft malhonnête; la néceffité d'une légitime défenfe répond à cette imputation; il ajoute que la jonction de Beaudouin à Jean eft établie par un titre de fondation de l'Abbaye de Meffine. Nous le croyons, nous defirons même qu'il puiffe fervir aux trois degrés qui fe trouvoient totalement dénués de titres; mais au moins le Marquis de Créquy conviendra que ce titre précieux n'étoit pas connu de Pierre d'Hozier quand il a compofé la généalogie du Marquis de Créquy-Bernieul en 1620, qu'il avoit échappé à fes recherches, quoique ce Généalogifte eût fait un voyage en Flandres où eft fituée l'Abbaye de Meffine, pour y découvrir les titres anciens de cette maifon; qu'elle n'étoit point encore découverte du temps de Charles d'Hozier fils de ce Pierre, & qu'il n'en a pas moins joui paifiblement de fon état.

Qu'auroient dit les aïeux du Comte de Créquy, fi une autre branche eût contefté leur defcendance de la Maifon de Créquy, fous prétexte que trois de leurs degrés n'étoient appuyés fur aucuns titres? Ils auroient répondu, fans doute, ce que nous difons aujourd'hui; pourquoi donc le Marquis de Créquy ufe-t-il à notre égard d'une févérité dont fes ancêtres fe feroient plaint avec raifon? Pourquoi ne veut-il pas nous permettre d'invoquer des principes dont l'application dans toute autre circonftance ne lui paroîtroit pas déplacée?

Quatrieme preuve.

Ceffons au furplus de nous occuper de cette objection; le feu Marquis de Créquy y a répondu d'avance; la découverte qu'a faite la Princeffe de Rache eft une preuve certaine de notre jonction, & le refus que fait le Marquis de Créquy de nous communiquer fes titres, donne une nouvelle force à la reconnoiffance de celui qui étoit alors chef des nom & armes de la Maifon de Créquy.

Le chef des nom & armes eſt le conſervateur des droits de
ſa famille, c'eſt à lui que l'on accorde les honneurs auxquels
le rang que ſa Maiſon tient dans l'Etat, peut lui donner lieu
de prétendre; il eſt le dépoſitaire des anciens titres; il tient
une eſpece de tribunal où ſe portent d'abord les diſcuſſions
qui peuvent s'élever dans l'intérieur de la famille; il en eſt
le premier Juge, & tout ce qui tient à l'illuſtration, au main-
tien de ſes droits, à plus forte raiſon à ſon exiſtence, lui eſt
eſſentiellement ſoumis.

C'eſt en cette qualité que la Princeſſe de Rache avoit inſtruit le feu Marquis de Créquy de la découverte qu'elle avoit
faite d'une branche de ſa Maiſon connue en Anjou ſous le
nom de le Jeune; c'eſt en cette qualité que l'Abbé de la Furjonniere lui a préſenté les titres qui paroiſſoient l'autoriſer à
reprendre le nom de Créquy; qu'il les a examinés, & qu'a-
près s'être perſuadé qu'effectivement il étoit de ſa Maiſon,
il l'a préſenté comme Créquy à tous ceux qu'il eut occaſion
alors de recevoir chez lui.

C'eſt en cette qualité que preſſé par la Marquiſe de Créquy-Hémon, de faire vérifier les titres du ſieur de la Furjonniere, il a redemandé ces mêmes titres, qu'ils lui ont été
rapportés, qu'il les a envoyés au ſieur d'Hozier en le priant
de les examiner, & qu'après avoir rapproché lui-même les
titres des le Jeune des ſiens, il leur a donné les reconnoiſ-
ſances ſi préciſes qu'ils repréſentent aujourd'hui.

» Il déclare pour rendre hommage à la vérité, qu'il n'a
» aucun doute ſur l'origine des Seigneurs de la Furjonniere;
» que la découverte de cette origine ſe *rapportant à ce que*
» *la Princeſſe douairiere de Rache, née de Créquy - Canaples,*
» *veuve de Jean-Joſeph de Bergue, Princeſſe de Rache, lui*
» *écrivoit lorſqu'elle étoit occupée à faire des recherches ſur ſa*
» *Maiſon, qu'il y en avoit en Anjou une branche du ſurnom*
» *de le Jeune; il ſe croit obligé par juſtice de reconnoître les*
» *le Jeune pour former originairement une branche de ſa Maiſon,*
» *& pour être très-en droit d'en reprendre le nom.*

C'eſt toujours en cette qualité que peu de temps après
cette premiere reconnoiſſance, il a accordé à la branche

qu'il venoit de reconnoître, la permiffion de porter les armes pleines de fa maifon; il attefte de nouveau dans un acte paffé devant les Notaires de Gençay, qu'il s'eft convaincu du droit *que les le Jeune avoient de porter le nom de Créquy; qu'il les a exhortés à fe faire comprendre fous l'article de la Maifon de Créquy, dans le fupplément à l'hiftoire des Grands Officiers de la Couronne, & que tous les autres cadets lui ayant demandé la permiffion de porter les armes pleines de fa Maifon, il croit devoir accorder la même faculté à la branche des le Jeune.*

Le Marquis de Créquy-Hémon a-t-il ignoré ces reconnoiffances géminées ? Les le Jeune ont-ils repris clandeftinement le nom de Créquy ? Les Lettres du feu Marquis de Créquy, adreffées à notre Adverfaire, prouvent avec quelle exactitude fon oncle lui en faifoit part. *Je ferois fort aife*, lui écrivoit-il, en lui adreffant la premiere reconnoiffance, *de vous favoir en bonne intelligence avec des perfonnes qui portent notre nom & qui peuvent le porter de droit. Madame votre mere & vous*, ajoute-t-il dans la lettre qui accompagnoit la feconde reconnoiffance, *m'avez demandé, en ma qualité d'aîné de la famille, de me joindre à vous pour fuivre cette affaire ; je dois, par la même raifon, vous inftruire de ce qui s'eft paffé & de ce que j'ai fait, afin que vous vous réuniffiez à moi pour foutenir cette branche de notre Maifon dans toutes fes prérogatives, ce que je fuis décidé de faire de mon côté autant qu'il dépendra de moi & dans toutes les occafions poffibles.*

Si les affertions multipliées du feu Marquis de Créquy étoient autant d'impoftures, qu'attendoit le Marquis de Créquy-Hemon pour s'en plaindre ? Etoit-il retenu par la crainte d'être privé de la fortune de fon oncle ? Mais le feu Marquis de Créquy laiffoit deux filles qui étoient fes héritieres. Son refpect pour fa décifion lui a-t-il fermé la bouche tant qu'il a vécu ? il le perfuadera difficilement à quiconque l'a entendu accufer fon oncle d'avoir cédé aux follicitations preffantes de perfonnes en place, & d'avoir donné entrée dans fa maifon à des étrangers, dans l'efpoir d'être payé des arrérages de fes penfions.

C'étoit à l'inftant même où le Marquis de Créquy, Lieutenant Général, lui faifoit part de la reconnoiffance qu'il avoit donnée aux le Jeune, qu'il devoit élever la voix; loin de fe plaindre, il a, par un acquiefcement volontaire, renoncé lui-même à l'action qu'il auroit pu intenter; il a laiffé les le Jeune jouir paifiblement d'un état dont la poffeffion eft devenue contradictoire avec lui.

Il les a vu, depuis 1755 jufqu'en 1773, profiter d'une partie des avantages réfervés aux grands noms.

Il a vu fix freres porter publiquement le nom de Créquy, connus dans les différens Corps où ils fervoient fous ce nom; un feptieme reçu Page de la grande Écurie également fous ce nom; l'Abbé de Créquy aîné, nommé à l'Abbaye de Saint-Maur; un puîné le remplaçant au même titre; leur fœur, Abbeffe de Saint-Defir : il a fu que l'un d'eux avoit époufé la niece du Comte de Prye, Chevalier des Ordres du Roi, il ne s'en eft pas plaint; & ce n'eft qu'à l'inftant où le Comte de Créquy, dont la nobleffe, comme le Jeune, eft reconnue affez ancienne pour monter dans les carroffes du Roi, a follicité cette faveur, que le Marquis de Créquy eft forti de fa léthargie & l'a traduit au Tribunal de MM. les Maréchaux de France.

Perfonne n'ignore les démarches que le Comte de Créquy a faites alors pour déterminer le Tribunal à prononcer fur la queftion qui lui étoit foumife; il fupplia même M. le Maréchal de Muy, Miniftre & oncle de la Marquife de Créquy, de refter fon Juge. Le Tribunal ne prononça point, on en ignora long-temps la caufe. Le Marquis de Créquy nous a appris qu'il ne s'étoit pas cru compétent; pourquoi, fi cela eft, ne s'eft-il pas pourvu fur le champ dans les Tribunaux ordinaires ?

Cependant le Comte de Créquy continue de paroître à la Cour, obtient du Roi la permiffion de monter dans fes caroffes, à l'honneur d'être admis à fa table & de le fuivre à la chaffe; il forme un établiffement, & quinze jours après fon mariage avec la demoifelle de Soucy, le Marquis de Créquy, feignant d'oublier tout ce que fon oncle a fait, tout ce qu'il lui a écrit, tout ce qu'il a vu paifiblement pendant vingt années, porte le défefpoir dans le fein de deux époux & de leur famille : non content de les avoir traduits aux Re-
quête

quêtes du Palais, pour les forcer de quitter leur nom & leurs armes, il accumule, dans la plus calomnieuse des plaintes, des accusations capitales, dont la moindre doit entraîner leur déshonneur & leur perte.

Quel mérite prétend il donc tirer de son inaction pendant vingt années, & comment doit-on entendre cette phrase, où, en parlant de lui-même dans un de ses Mémoires, il se permet de dire; *ce neveu, qui en vaut trois, s'est tu tant qu'a vécu son oncle?*

Le silence qu'il a gardé tant qu'a vécu son oncle, & même depuis 1767 qu'il est décédé, seroit, dans tous les cas, une fin de non recevoir insurmontable contre l'action qu'il dirige. Le Marquis de Créquy n'est plus; mais les reconnoissances qu'il a données en qualité de chef du nom & des armes, restent dans toute leur force. Il a attesté publiquement que nous avions droit de reprendre le nom de Créquy & de le porter. Le Marquis de Créquy-Hémon accuseroit en vain son oncle d'imposture. La foi est due à des actes, qu'il n'a pas osé attaquer, tant qu'il a pu craindre un contradicteur : ils forment le complément de nos preuves, & le magistrat de la conscience la plus timorée ne peut hésiter à nous confirmer dans un état, que le chef des noms & des armes a reconnu nous appartenir, & que les autres branches de la famille, instruites de sa reconnoissance, n'ont pas osé nous contester.

Si tant de preuves décisives, chacune en particulier, & devenues plus fortes par leur réunion; si le jugement domestique que le chef de la Maison a porté sur la cause, ne suffisoient pas encore pour entraîner les suffrages de la Cour, nous oserions lui dire aujourd'hui; embrassez d'un coup d'œil vaste & pénétrant, tout ce que le Marquis de Créquy vous propose de détruire.

Il y a cinq cens ans que les le Jeune ont les mêmes armes que la Maison de Créquy. Les armes tenoient alors lieu de nom : il les ont portées en Artois, à Ambricourt, à Créquy même. *Elles sont parlantes; elles font seules présumer l'origine;* elles n'ont cessé de dire qu'ils étoient Créquy; & vous jugeriez qu'ils ne le sont pas?

O

Il y a trois cens ans que cinq témoins ont dit, qu'ils étoient descendus par pere de ceux de Créquy, dont ils portoient encore les armes. Leur véracité eſt reconnue : de douze faits dont ils ont parlé dans les deux enquêtes, onze font prouvés par des pieces tirées des dépôts publics. Ils trouvent dans leurs armories la preuve d'une partie du douzieme, & vous jugeriez qu'ils ne le font pas ?

Il y a plus de trente ans que la Princeſſe de Rache, ſœur du Comte de Créquy-Canaples, occupée à faire des recherches ſur ſa Maiſon, a découvert qu'il en exiſtoit dans l'Anjou, *une branche connue ſous le nom de le Jeune ;* qu'elle en a inſtruit le Marquis de Créquy, chef des nom & armes, avant que les le Jeune ſongeaſſent à réclamer leur nom ; & vous jugeriez qu'ils ne le font pas ?

Il y a vingt-cinq ans que le Marquis de Créquy a examiné leurs titres, *qu'il les a rapprochés des ſiens,* & qu'avant même d'avoir écrit au ſieur d'Hozier, il les a reconnus pour ſes parens, les a traités de couſins, les a préſentés comme tels à la Cour, au public, à ſon neveu même, & vous jugeriez qu'ils ne le font pas ?

Le ſieur Cherin eſt forcé de convenir, *que les enquêtes étoient en 1478 la ſeule maniere de prouver ſa nobleſſe.*

Que la conformité des différens faits dont avoient dépoſé les témoins entendus dans les deux enquêtes, ne permettoit de ſoupçonner ni leur probité ni leur exactitude, qu'on leur devoit confiance ſur tous les autres faits dont ils avoient dépoſé.

Il avoue que le changement des couleurs dans les armes, fréquent en 1478, n'avoit été introduit que pour diſtinguer les puînés des aînés.

Il ajoute que le petit écuſſon qu'on y remarque n'étoit que le ſigne d'une alliance, que leurs armes pareilles à celles de la maiſon de Créquy, étoient dans leur branche en treize cent. Il va juſqu'à convenir que ces armes ſont parlantes, & font ſeules préſumer l'origine de celui qui les portoit. Et vous jugeriez qu'ils ne le font pas ?

Le ſieur d'Hozier, pris, en quelque forte pour Juge, a penſé qu'ils étoient Créquy. Le Tribunal de Meſſieurs les Maréchaux de France n'a pas décidé le contraire. Un Tribunal compofé de onze Magiftrats vertueux, qui tous ont cru devoir faire un travail particulier fur les queftions que leur préfentoit la caufe, ont unanimement décidé qu'ils étoient Créquy. Et vous prononceriez qu'ils ne le font pas?

Jettez donc vos regards fur les pofitions refpeétives des Parties, & voyez les effets des différens Jugemens que vous pouvez prononcer.

Si la Sentence des Requêtes du Palais eft confirmée, quel préjudice éprouvera le Marquis de Créquy?

Le Comte de Créquy & fes freres partageront-ils avec lui des fucceffions auxquelles il eft feul appellé? Non: & la nature même de leurs preuves l'affure qu'ils ne fe trouveront jamais en concurrence avec lui.

Lui enleveront-ils des fubftitutions fur lefquelles il ait fondé fes efpérances? Non; & il n'y en aucune dans fa Maifon.

Son nom en fera-t-il moins illuftre lorfqu'il fera porté par un plus grand nombre d'individus? Non: & c'eft l'apanage des grandes Maifons de devenir plus puiffantes à mefure qu'elles préfentent plus de reffources à l'Etat dans les nombreux fujets qui les compofent.

Devra-t-il moins compter fur les faveurs de la Cour? Non; le pouvoir de nos Souverains eft affez grand; la fource de leurs bienfaits eft affez abondante pour ne pas craindre que quelqu'individus de plus la tariffent.

Défend-il, en un mot, le patrimoine de fes enfans? Non: au plaifir de revivre dans fa defcendance, il préfére le froid honneur de mourir le dernier de fa Maifon.

Au contraire, fi la Sentence des Requêtes du Palais eft infirmée, le Comte de Créquy & fes freres font anéantis. Nés Gentilhommes, en poffeffion d'une nobleffe dont l'origine remonte à cinq cens ans, ils ne paroîtront plus aux yeux de la Cour & du Public, que des ufurpateurs; on oubliera qu'ils n'ont repris le nom de Créquy qu'après en avoir obtenu la permiffion du Chef des noms & armes; qu'ils l'ont porté vingt-cinq ans fans aucune oppofition. Il ne dépendra pas de la Cour de les reporter au point d'où ils font partis. En ne leur confervant pas ce à quoi les droits du fang leur permettent de prétendre, on leur ôtera furement ce que la nature leur avoit affuré.

Ils ne font point ici dans des circonftances où ils puiffent quitter, fans honte, un nom qu'ils ont pris de bonne foi. La nature de la caufe, l'importance qu'on y attache, la publicité qu'on lui donne, le rang qu'ils occupent dans la fociété, les Corps dans lefquels ils fervent; tout fe réunit pour leur faire envifager l'inftant où l'on prononceroit qu'ils ne font pas Créquy, avec plus d'horreur que ne leur en infpireroit celui de leur deftruction entiere.

Qu'importe en effet d'exifter, s'il faut à chaque inftant être déchiré par le fentiment de fon malheur! L'idée de fon innocence peut foutenir pendant quelque tems contre l'adverfité ; mais cette idée feule devient à la fin un fupplice. La philofophie tient lieu de fortune, mais l'honneur n'a point d'équivalent; & c'eft leur honneur autant que leur état, qu'ils ont à défendre aujourd'hui.

Seconde Partie. Qu'on fe rappelle, en effet, qu'on fe rappelle, s'il eft poffible, fans être ému d'indignation, les accufations capitales que le Marquis de Créquy a accumulées contr'eux dans quatre libelles différens.

Il débute par dire *que fon objet eft de les faire châtier du crime de faux commis de deffein prémédité.*

Il avertit le Miniftere public que *le titre de fon accufation eft celui d'un crime grave.*

Il prend foin de lui indiquer la nature des peines qu'il veut leur faire éprouver. Il porte la fureur jufqu'à les accufer d'avoir *attenté à l'autorité royale. Le châtiment qui les attend*, dit-il, *eft au moins celui que l'on réferve aux fauffaires ;* (1) *mais dans tous les cas, d'être dégradé de tout dégré & privilége de nobleffe.*

Le menfonge & la calomnie font mis en œuvre pour donner du corps à fes téméraires allégations. Quand ils ont repris

______

(1) Le Fouet, la Marque & les Galeres.

le nom de Créquy, de l'agrément du chef de la famille, *il accuse le Comte de Créquy de se l'être donné pour la premiere fois dans son contrat de mariage ;* quand il n'a pris dans ce contrat, signé du Roi lui-même, que la qualité d'Aide Maréchal Général des Logis de l'Armée, il l'accuse d'avoir surpris la religion du Prince, & de lui avoir fait signer *qu'il étoit Mestre de Camp de Cavalerie.*

Lorsqu'il est prouvé que ses armes sont depuis cinq cens ans dans sa famille, *il accuse son pere d'avoir changé ses armes en 1730, & d'avoir porté alors, pour la premiere fois, un créquier d'argent en champ de gueule.*

Quand il s'est marié sous le nom qu'il portoit depuis vingt ans, il l'accuse du *crime capital de supposition de personne.*

Et il ose appeller d'une Sentence qui a déclaré ses plaintes injurieuses & calomnieuses! il ne sçait pas gré au Comte de Créquy & à ses freres, de leur renonciation volontaire aux dommages-intérêts qu'ils étoient en droit de prétendre! Qu'il mette donc, s'il l'ose, la réparation qu'on leur accorde, en parallele avec l'insulte qu'il leur a faite? La Cour, la ville ont retentit de ses imputations téméraires. Il s'est tout permis, il n'a pas même épargné des personnes qui étoient totalement étrangeres à sa cause, & à qui le ministere saint qu'elles exercent, donnoit des droits inviolables à ses égards & à ses respects. Ce n'est pas sa plainte seule qui respire la calomnie ; tous ses écrits en sont empoisonnées ; le Tapissier, le Charpentier, le Marchand de vin, le Procureur Fiscal, sont autant de fables qu'il a méchamment inventées pour rendre le Comte de Créquy & ses freres, l'objet de la risée de la Cour & du Public ; & quatre mille exemplaires de son plaidoyer publient impunément ces faits calomnieux qu'il sçait avoir été détruits.

Qu'il cesse donc de se plaindre ? On l'a traité avec indulgence en ne déclarant que ses plaintes injurieuses & calomnieuses. Ce Jugement, qu'il attaque avec si peu de circonspection, est juste dans toutes ses parties. Il assure au Comte de Créquy & à ses freres, un état que leurs titres leur indiquoient, & que le Chef des nom & armes a reconnu leur appartenir : il donne à ses expressions les qualifications qu'elles méritent. Il eſt donc de la ſageſſe de la Cour de le confirmer. Son Arrêt ſera un monument éternel de ſon zèle pour la conſervation des familles illuſtres , de la protection qu'elle accorde aux foibles , & des ſecours certains que l'opprimé trouve toujours dans ſa ſenſibilité & dans ſa juſtice.

Monſieur D'AGUESSEAU , Avocat Général.

Mᵉ DEBONNIERES, Avocat.

Lᴇsᴄᴏᴛ, Procureur.

TABLE.

*E*XPOSITION *des faits.*   Pages 1 — 27

Division générale des moyens.   27 & 28

Premiere preuve de l'état du Comte de Créquy, tirée des enquêtes de 1478 & 1485. 29

La preuve testimoniale étoit en 1478 & 1485 une maniere légale de prouver son état & son origine. 29 — 35

Les deux enquêtes de 1478 & 1485 sont légales & authentiques. 35 — 43

Il est dit formellement dans les enquêtes que la branche des le Jeune descend de la Maison de Créquy. 43 — 46

Réponse à l'objection tirée de ce que les enquêtes ne sont pas contradictoires avec la Maison de Créquy. 47

Réponse à l'objection tirée de ce que la branche des le Jeune n'a pas repris le nom de Créquy. 48 — 50

Preuve de la véracité des témoins dans tous les faits dont ils ont parlé, tirée d'actes authentiques trouvés dans les archives du Comté de Saint-Pol. 51 — 54

Seconde preuve de l'état du Comte de Créquy, tirée des armoiries, & principes généraux sur les armoiries, servans à prouver que les mêmes armes indiquoient il y a 400 ans les branches d'une même famille. 54 — 58

Preuve que la branche des le Jeune porte les mêmes armes depuis 500 ans. 58 — 65

Preuve que Taffard le Jeune, Procureur Général du Comté d'Artois, n'étoit pas Procureur Fiscal, mais bien Procureur Général du Duc de Bourgogne, & qu'il appartient à la branche du Comte de Créquy. 59 — 60

Preuve que le Procureur Général avoit épousé une Rumet, dont le frere avoit épousé une Créquy. 61

Les armes portées par la branche des le Jeune depuis 500 ans sont semblables à celles de la Maison de Créquy. 65 — 68

Armes de Wauthier le Jeune. 65

Armes du Procureur Général. 65

Armes de la Maison de Créquy. 65

Réponse à l'objection tirée du changement de couleur. Pages 68 & 69

Réponse à l'objection tirée du petit écusson à deux faces. 69 & 70

Réponse à l'objection tirée du créquier porté par différentes familles. 71 & 72

Preuve de la fausseté du sceau produit par le Marquis de Créquy pour établir que Pierre Semel le Joule, Charpentier, portoit un Créquier. 73 — 75

Preuve que Wauthier le Jeune nous appartient. 75

Principes avoués par le sieur Cherin sur les armoiries. 76

Preuve tirée de la possession de la Terre d'Ambricourt. 76 — 81

Preuve que la branche du Comte de Créquy n'appartient pas aux le Jeune d'Artois. 81 — 87

Réponse à l'objection tirée de la reconnoissance donnée par Jean le Jeune à son neveu en 1494. 87 & 88

Réponse à l'objection tirée du Tapissier. 89 — 95

Réponse à l'objection tirée du défaut de jonction. 95 — 101

Preuve de la difficulté de prouver la jonction par titres dans la Maison de Créquy. 100 & 101

Preuve de l'état du Comte de Créquy, tirée de la reconnoissance du Marquis de Créqui & du silence du Marquis de Créquy-Hémon depuis plus de quinze ans. 101 — 105

Preuve que la plainte du Marquis de Créquy est injurieuse & calomnieuse. 108 — 110

Réponse à l'objection tirée du prétendu Marchand de Vin. 13

Réponse aux sept prétendues Sentences de maintenues. 17

Réponse aux prétendues mésalliances. 16 & 17

A PARIS, chez P. G. SIMON, Imprimeur du Parlement,
rue Mignon Saint-André-des-Arcs, 1781.

www.ingramcontent.com/pod-product-compliance
Lightning Source LLC
LaVergne TN
LVHW050841200726
843507LV00001B/375